TERCIOS DE ESPAÑA

Fernando Martínez Laínez
José María Sánchez de Toca

TERCIOS DE ESPAÑA

LA INFANTERÍA LEGENDARIA

Prólogo de Juan Víctor Carboneras

edaf

www.edaf.net
Madrid - México - Buenos Aires - Santiago
2024

Los grabados y las fotos proceden de las colecciones digitalizadas de
la Biblioteca Nacional, de los museos del Prado y Lázaro Galdiano,
y del archivo de C. Canales

Editorial EDAF, S. L. U.
Jorge Juan, 68. 28009 Madrid
/www.edaf.net
edaf@edaf.net

Ediciones Algaba, S.A. de C.V
Calle, 21, Poniente 3323,
Colonia Belisario Domínguez
Puebla, 72180, México.
Tfno.: 52 22 22 11 13 87
jaime.breton@edaf.com.mx

Edaf del Plata, S. A.
Chile, 2222
1227 - Buenos Aires, Argentina
edafdelplata@gmail.com
fernando.barredo@edaf.com.mx
+54 11 4308 5222 /+54 11 6784 9516

Edaf Chile, S.A.
Huérfanos, 1179, Oficina 501
Santiago - Chile
comercialedafchile@edafchile.cl.
+56 9 4468 0539 /+56 9 4468 0537

Julio de 2024

Depósito legal: M-4102-2024
ISBN: 978-84-414-4301-3

Papel 100% procedente de bosques gestionados de acuerdo con criterios de sostenibilidad.

Impreso en España — Printed in Spain

Impreso por COFAS, S A

Índice

Prólogo

En las dos últimas décadas los tercios, unidades de infantería de la monarquía hispánica durante los siglos XVI y XVII, han cobrado un interés mayúsculo entre los entusiastas de la historia. Esto ha motivado a diferentes disciplinas a acercarse a esta materia y producir grandes obras, desde óleos pintados por Augusto Ferrer-Dalmau, composiciones fotográficas llevadas a cabo por Jordi Bru, novelas como *El Capitán Alatriste* o la realización de recreaciones históricas a lo largo de todo el país.

En efecto, de un tiempo a esta parte, existe una *terciomanía* que ha venido a rescatar la importancia de unas unidades de infantería que marcaron el devenir de la Historia Moderna. La obra que tiene el lector entre sus manos, *Tercios de España*, es, en parte, causante de toda esa vorágine. Fernando Martínez Laínez y José María Sánchez de Toca produjeron en el año 2006 una obra que ahora se reedita y que se ha convertido en todo un clásico para todos aquellos lectores que se acercan a esta temática.

Tercios de España es una obra divulgativa, escrita con sencillez y pulcritud, a la par que con rigurosidad, cumpliendo con el objetivo de acercar a profanos el tema que nos ocupa, pero también alimentar con nuevos datos a los más expertos en la materia. No solo se habla de grandes batallas y hombres inolvidables, sino que se recogen cuestiones vinculadas a la nueva Historia Militar como la vida de los soldados, los alojamientos o la logística. Todo ello sin descuidar un análisis orgánico sobre los tercios y facilitar la comprensión de estos, aportando unas preguntas y respuestas que resulta todo un acierto.

El subtítulo de la obra: *Infantería legendaria*, ya delata la importancia de este tema. Los tercios fueron las unidades que marcaron el devenir de Europa desde su creación, en los albores del siglo XVI. Este modelo profesional, pionero en cierto modo, vivió sus primeras vivencias en Italia o el norte de África, obteniendo victorias sobresalientes, de tal modo que su organización y estructura permanecieron vigentes hasta su extinción en 1704, poco después de la llegada de la dinastía Borbón. Y no solo actuaron en el eje Mediterráneo, sino que también lo hicieron en Flandes y, en definitiva, buena parte de Europa, allí donde se necesitaba su despliegue o formación.

En los tercios se aglutinaban un número irregular de compañías que estaban integradas por soldados, siendo todos españoles hasta los años finales del siglo XVI, momento en el que italianos, borgoñones o irlandeses empezaron a formular su infantería siguiendo este modelo. Así, en los tercios había soldados que utilizaban distintas armas, pudiendo resumirse en arcabuceros, piqueros y, a partir de 1567, mosqueteros. Es decir, había una combinación entre armas de fuego y enastadas. Los procesos de guerra constante y la profesionalidad del ejército, que se mantenía vigente, pese a acabar la campaña, crearon soldados veteranos que daban el salto de calidad necesario para la obtención de una victoria. A esta experiencia se sumaba una mentalidad marcada por el honor, la camaradería y la religiosidad. En efecto, el soldado de los tercios promedio era un hombre católico, firme defensor de sus convicciones, protector de su honra personal y amigo de sus camaradas, con los que compartía experiencias en combate y fuera de él.

Sin embargo, no podemos hablar de los soldados de los tercios, como meros instrumentos de la guerra en tierra, pues la infantería embarcada desempeñó un papel fundamental en el tiempo que se describe. La vida en la mar era uno de los grandes retos y desafíos a los que tenía que hacer frente, en muchas ocasiones, el combatiente. Lepanto, la Armada contra Inglaterra de 1588 o la batalla de las Dunas de 1639 son ejemplos representativos de la actividad militar sobre el agua. Galeras, galeones y otras embarcaciones pasaban a ser nidos de concentración de marineros, pero también de soldados de infantería, donde el hacinamiento, las condiciones insalubres de los viajes y el esfuerzo físico, hacían estragos de manera constante. Ambos autores resuelven este tema con maestría y describen puntos tan detallados como la vida a bordo de las embarcaciones, la manera en la cual se producían los enfrentamientos entre naves o la organización logística y operativa de los viajes en alta mar.

Los tercios no fueron invencibles, pero sí representaron la élite del ejército de la Monarquía Hispánica.

El lector encontrará todos estos puntos y muchos más en una obra que consigue el propósito de acercar, a curiosos y amantes de la historia por igual, las victorias, las leyendas y las penurias de unos hombres que murieron por todo aquello que creían justo. En suma, estamos ante un libro que ha marcado a toda una generación y cuya lectura y estudio se hacen más necesarios que nunca. Conocer la historia de los tercios es conocer nuestra propia historia.

Sirvan estas líneas para rendir un sentido homenaje a ambos autores por su manera de tratar esta historia y su cariño para con los tercios. En recuerdo de José María Sánchez de Toca y en agradecimiento a Fernando Martínez Laínez, autores de leyenda.

Juan Víctor Carboneras

1

¿Qué eran los tercios?

Versión pictórica de los tercios imperiales según la arquetípica visión que impuso el conde de Clonard en su serie de láminas y álbumes sobre el ejército español.

Para los europeos de su tiempo no hubo sombra de duda: durante casi ciento cincuenta años, entre 1534 y finales del siglo XVII, los tercios españoles fueron las mejores unidades militares del mundo. Más de tres siglos después de su desaparición, todavía se comparan con las legiones romanas y las falanges macedónicas.

Las grandes unidades de infantería, generalmente española, de las tropas del Rey Católico constituían un porcentaje pequeño de los ejércitos multinacionales de los Austrias, pero eran su núcleo duro, la herramienta decisiva que forjaba la victoria o conjuraba las amenazas.

¿Qué fueron los tercios? ¿Cómo nacieron? ¿Cómo vivían y morían los integrantes de las unidades de infantería más grandes y célebres que tuvieron los ejércitos del Rey Católico?

El Rey Católico

El emperador Carlos V (que en España era el rey Carlos I) heredó, junto con una fantástica colección de estados, el título de Rey Católico que el papa Alejandro VI concedió a sus abuelos Fernando e Isabel. No era una distinción meramente honorífica, y a los demás reyes suscitaba recelo y envidia, sabedores de que el adjetivo «católico» no solo se refería a la firmeza de la fe de los monarcas de España; el término era sinónimo de «universal», y eso escocía. «No cabe duda —informaba Richelieu a su rey, Luis XIII de Francia— de que los españoles aspiran al dominio universal, y que los únicos obstáculos que han encontrado hasta ahora son la distancia entre sus dominios y su escasez de gente».

El Rey Católico, denominación técnica que se le daba en las cancillerías extranjeras, no solo era rey de España, además era soberano de otros reinos, ducados y señoríos. Hoy, para abreviar, llamamos Imperio español o «dominios del rey de España» a lo que realmente era la reunión de muchas coronas, de muchos estados, no todos españoles y ni mucho menos en una sola persona.

Pero fuera de España, los súbditos del Rey Católico lo que veían era un gran número de soldados y gobernadores españoles, seguramente con más frecuencia de la deseada. Si Carlos V había sido un europeo de raíces múltiples, un flamenco que se sentía alemán, su hijo Felipe II, nacido ya en la Península, se consideraba medio español y medio portugués. Los sucesores ya solo pensaban, sentían y actuaban como españoles; y los españoles estaban convencidos de que los dominios de su rey eran suyos. Muy pronto, dentro y fuera de España, todos se acostumbraron a hablar del «rey de España» y a referirse a los dominios del Rey Católico como los «dominios españoles».

Así pues, se daba la paradoja de aludir a los Países Bajos *españoles*, así como se denominaba *español* a un cardenal de Nápoles. En el mismo sentido, los españoles hacían suyas las glorias del napolitano marqués del Vasto, de los romanos Pescara y Colonna, de Doria y Spínola (genoveses de nacimiento), de Alejandro Farnesio (natural de Parma) o del cardenal Granvela, que era belga, así como consideraban *españoles* a san Luis Gonzaga y san Francisco de Paula, ambos italianos.

El ejército del Rey

En España, al contrario que en el resto de Europa, durante la Edad Media la guerra no había sido el deporte violento de los señores feudales forrados de acero, una especie de rugby brutal para esparcimiento de la clase alta. En España la guerra había sido una cuestión de supervivencia porque durante ocho siglos el pueblo español combatió en la Reconquista, y esta brega involucró a todos los peninsulares. En España la guerra fue asunto de todos, pues todos iban a la guerra: el rey, las órdenes militares, los señores con sus mesnadas y, sobre todo, y ahí radica la diferencia, las milicias de los concejos populares, es decir, los pequeños ejércitos municipales.

Al finalizar la Reconquista, el horizonte bélico cambió, y por primera vez en muchos siglos la amenaza vino del norte. En 1495 los Reyes Católicos dictaron una ordenanza que puso bajo su mando a todas las fuerzas militares presentes o futuras, con independencia de su origen, es decir, ya fueran reales, señoriales o municipales. Solamente el monarca podía nombrar capitanes, y todos los pueblos estaban obligados a tener preparado uno de cada doce hombres hábiles por si el soberano lo llamaba a la guerra (desde luego, pagándole). De acuerdo con aquella ordenanza, y su sucesora inmediata, dada en 1503, los Reyes Católicos, el cardenal Cisneros y después Carlos I formaron ejércitos que defendieron Cataluña y Navarra de los franceses, mantuvieron el reino de Nápoles dentro de la Corona de Aragón y conquistaron plazas en el norte de África.

Felipe el Hermoso, Carlos V y Felipe II, los tres Austrias que rigieron casi todo el siglo XVI español.

Ejército multinacional a la medida de las necesidades

La ordenanza de 1495, la primera de una larga serie que ha llegado hasta nuestros días, establecía el procedimiento de reclutar y pagar a una serie de capitanías (compañías) por tanto tiempo como el rey las necesitara. En el conflicto con Francia por la hegemonía en Italia, lo que realmente se ventilaba, la corona tuvo que mantener continuamente fuerzas para proteger Milán, Nápoles y Sicilia. A medida que las guerras se hicieran cada vez más habituales y prolongadas, dichas fuerzas se convertirían en permanentes, y el ejército iría institucionalizándose. Pero el proceso duró siglos: hasta 1534 todavía no era una institución.

Carlos V, emperador del Sacro Imperio y Rey Católico, mantenía, allá donde los necesitaba, multitud de cuerpos militares de diverso tamaño, ori-

Carlos V, heredero de un gran imperio que hacía necesario disponer de una fuerza de intervención estable, origen de los tercios.

gen y especialidad, en cuyos campamentos se hablaban hasta trece lenguas distintas. Los contingentes más numerosos eran, por este orden, alemanes, valones, italianos, españoles y borgoñones, a los que con el tiempo se añadirían irlandeses, ingleses, escoceses, croatas (que entonces se llamaban uscoques) y albaneses. El ejército se componía en sus cuatro quintas partes de infantería de diversas naciones. Algo menos del quinto restante eran tropas a caballo, entre las que cabía distinguir jinetes (a la española, sin armadura) y caballeros armados de coraza o caballos corazas. Por último, unos centenares de artilleros se ocupaban de los cañones. Estos cuerpos militares eran contratados directamente por el rey o bien por los diversos estados y ciudades de los que era soberano; en ocasiones, por algún asentista, un mercader que suministraba compañías militares como quien provee de uniformes o armas. En estos ejércitos multinacionales la infantería española de los tercios apenas sumaba unos ocho mil hombres como máximo.

El origen de los tercios

Los tercios nacieron en una fecha incierta y discutida, entre octubre de 1534, año en que Carlos V dio la orden de reorganizar las compañías de infantería española que la corona tenía en Italia desde mucho tiempo atrás, y la llamada ordenanza de Génova de 1536, en la que dicta instrucciones para pagarlos. Durante esos años, en esencia, Carlos V ordenó reagrupar en tres tercios, es decir, en tres *tercias* partes correspondientes al ducado de Milán, el reino de Nápoles y el reino de Sicilia, la infantería española que permanecía en Italia desde antiguo, en algunos casos desde el Gran Capitán y en otros, desde los almogávares. El soberano creaba tres mandos y jurisdicciones militares correspondientes a cada uno de esos tres estados, los más importantes que tenía en suelo italiano: el reino de Nápoles, que ocupaba más de media península y era por aquel entonces el más rico y próspero del Mediterráneo, el de Sicilia, en la isla de su nombre, y el ducado de Milán, o reino de Lombardía, en el norte de Italia.

El emperador puso al frente de cada uno de estos tercios a un capitán muy distinguido, nombrado maestre de campo, con medios de mando que hoy parecen escasos, pero que para la época sin duda eran suficientes. El maestre ejercía una autoridad indiscutida sobre los capitanes de las compañías del tercio, y él mismo, además, mandaba la suya.

Gonzalo Fernández de Córdoba, el Gran Capitán, que ensayó con éxito en sus campañas de Italia las nuevas tácticas de combate que perfeccionaron los tercios.

2

La naturaleza de los tercios

En el campamento los soldados realizaban actividades continuas que iban desde las guardias al aprovisionamiento, la limpieza de armamemento y los ejercicios. En primer plano, una tienda con el distintivo real.

El Tercio de Nápoles agrupaba la infantería española de más antigua data en Italia, de ahí la denominación Tercio Viejo de Nápoles. Tenía a su cargo las guarniciones de la Campania, con las provincias de Avellino, Benevento, Caserta, Salerno y Nápoles, así como los castillos de Castel de Oro, Rocasecca (junto a Montecasino), la plaza fuerte de Gaeta y Castelnuovo (a la entrada de la capital napolitana), con destacamentos en las islas de Capri, Ischia y Procida. La cabecera del tercio estaba en Nápoles capital. El segundo tercio más antiguo, el de Sicilia, además de guarnecer la isla tenía compañías destacadas en Calabria y en la Marina de Catanzaro. El Tercio de Cerdeña ocupaba la isla homónima, con compañías en Cagliari, Nuoro y Sassari. Finalmente, el de Lombardía, también llamado de Milán, se desplegaba en el Milanesado, con guarniciones en Milán, Cremona, Mantua, Sondrio, Varese, Pavía, Brescia, Bérgamo y Como. Sus principales plazas fuertes, además del castillo de Milán, eran Castiglione, en Mantua, y San Germano, en Piamonte.

Pronto, a estos cuatro tercios se añadieron otros creados al compás de las necesidades, especialmente para el combate marítimo contra los turcos. El más activo fue el llamado Tercio de la Liga, que tenía a muchos de sus hombres embarcados en las galeras que patrullaban la costa sur de Italia, mientras el resto actuaban como fuerza de guarnición en Apulia y Calabria, con plazas fuertes en Nola, Ruvo, Barletta y Andria (Bari), Canosa (Foggia), Ceriñola, Otranto y Malfi. Este tercio estaba integrado por efectivos muy superiores en número a lo normal, ya que era el principal componente de la fuerza de infantería de marina y desembarco, de la que también formaban parte el tercio de galeras de Sicilia y el tercio nuevo de Nápoles.

En Italia, la vida de los tercios era relativamente relajada y cómoda debido al benigno clima, la riqueza del territorio, el idioma similar, la belleza de las ciudades y la colaboración de los habitantes. Eso hacía que el reclutamiento fuera siempre fácil y atrajera a muchos jóvenes. Sin embargo, esta relativa «tranquilidad» era engañosa —como demuestra el caso de Cervantes, soldado del tercio en Italia, herido y mutilado en Lepanto y cautivo de los turcos en Argel durante más de cinco años—. Los tercios constituían una fuerza de choque en constante movimiento, eran movilizados con frecuencia para combates en mar y tierra. Aun así, la dureza de la inacabable guerra en Flandes hizo de Italia una especie de «paraíso soñado» para muchos soldados, por lo que no son de extrañar los versos de una copla muy popular y repetida:

España, mi natura,
Italia mi ventura,
Flandes mi sepultura.

La ordenanza de Génova (1536)

La ordenanza de Génova, en su tercer párrafo menciona por primera vez el término *tercio*, al tratar de las pagas a los «de Nápoles y Sicilia (...) la del tercio de Lombardía (...) y los soldados del tercio de Málaga». La aparición de esta unidad es consecuencia de la ocupación del Milanesado y de la necesidad de defender el sur de Italia de la amenaza turca.

En un principio, la agrupación de compañías estacionadas en Nápoles se llamó Tercio de Nápoles y Sicilia, aunque poco después el reino de Sicilia tuvo su propio tercio. Con el tiempo, los tres cuerpos, en Milán, Nápoles y Sicilia, fueron denominados «tercios viejos» por ser los permanentes de creación más antigua. En cuanto al de Málaga que menciona la ordenanza de Génova, tras combatir en Túnez y la Provenza pasó de guarnición a Niza, pero no tuvo carácter permanente, al igual que otros muchos a los que se conocía por el nombre de su capitán o el escenario de sus operaciones.

Esta ordenanza de 1536 establecía que cada tercio tuviera dos compañías de arcabuceros. El mando de las compañías de los tercios quedó en manos españolas, exclusividad que más adelante terminó extendiéndose a la tropa; la infantería de los tercios se reservó a los españoles, aunque se mantuvo en sus puestos a los veteranos italianos y borgoñones en activo. A cambio, se prohibía la presencia de españoles en la infantería de otras naciones, con excepción de los mandos. Lo mismo pasaba con la infantería alemana, que no admitía españoles ni italianos.

La ordenanza de Génova regulaba un ejército que contaba en esos momentos con más de veinte mil infantes (siete mil setecientos españoles, seis mil alemanes y siete mil trescientos italianos), entre los que se incluía el «núcleo duro» de veteranos españoles de los tercios viejos. En lo que respecta a la caballería ligera, rondaba el millar de jinetes, complementados con algunas unidades de caballería pesada destacadas en el reino de Nápoles. El mando supremo lo desempeñaba un capitán general (el primero fue el marqués del Vasto), seguido de un lugarteniente, al que el emperador asignó una guardia personal de treinta gentilhombres y cincuenta alabarderos alemanes. Esta disposición regulaba también la artillería, la policía militar, la justicia, el correo militar, los alojamientos (a cargo de un furriel mayor) y los abastecimientos (en manos de un «capitán de justicia» de Milán). Así empezó a organizarse la base de los tercios viejos, a los que se fueron añadiendo otros de menor duración, según las necesidades.

La combinación de armas

La temible eficacia de la infantería de los tercios se basaba en combinar las armas blancas (pica y espada) con las de fuego (arcabuz y mosquete), una síntesis innovadora que permitía la adaptación a situaciones muy diversas, algo muy avanzado desde el punto de vista táctico en la época.

En un primer momento, el arma por excelencia era la pica, considerada la «reina de las armas». Los piqueros se agrupaban en escuadrones flanqueados por grupos (mangas) de arcabuceros, una táctica heredada del modelo suizo de cuadros compactos que acabó con el predominio de la caballería pesada en el campo de batalla. Como señala el teórico y maestre de campo de los tercios Bernardino de Escalante, en su obra *Diálogos del arte militar*, la pica era «la mayor firmeza de un campo [de batalla] (...) Usáronla los suizos primero en nuestros tiempos a imitación de los soldados antiguos de Macedonia, que las traían muy largas de veinte y dos pies, y

1. Arcabuz con serpentín simple.
2. Arcabuz con serpentín de gatillo y resorte interno.
3. Arcabuz típico con serpentín invertido.
4. Arcabuz de rueda.
5. Polvorín de reserva.

los romanos de doce, eligiendo ellos el medio de quince a dieciséis, para defenderse de las gruesas bandas de caballos alemanes».

La gran superioridad del tercio sobre el modelo suizo residía en su capacidad para fragmentarse; el tercio no era una unidad de combate, como los escuadrones suizos, sino de encuadramiento, y podía segregar unidades menores y de mayor movilidad, capaces de llegar al choque individual, en el que los españoles solían llevar ventaja por su iniciativa y bravura. En esto se perciben los ecos de Vegecio y del orden elástico de las legiones romanas, unido a la experiencia acumulada en los últimos tiempos de la Reconquista, y en especial de la guerra de Granada, todo combinado con mano maestra por Gonzalo Fernández de Córdoba, el Gran Capitán. A esta superioridad táctica se unía la capacidad estratégica: los tercios en Lombardía y los reinos de Nápoles y Sicilia podían ser enviados tanto hacia el norte y centro de Europa como hacia el Mediterráneo y el norte de África. Cuando los tercios fijos se desplazaban, eran sustituidos en sus lugares de origen por nuevos reclutas procedentes de España, una especie de «noria» que permitía mantener siempre una infantería bien entrenada y lista para entrar en combate.

A medida que se fueron imponiendo las armas de fuego a lo largo del siglo XVI, la proporción de piqueros fue disminuyendo con respecto al número de arcabuceros y mosqueteros. Si en los primeros tiempos del tercio las picas representan las dos terceras partes del total de efectivos, en 1567, de los ocho mil setecientos noventa y cinco hombres de infantería que pasaron a Flandes, solo dos mil seiscientos cincuenta eran piqueros.

Con esto llegaba a término una evolución iniciada a finales del siglo XV, que condujo a los contingentes medievales de composición heterogénea, disueltos al terminar las campañas, a una estructura militar homogénea, con existencia permanente, dispuesta para actuar en cualquier momento.

La palabra *tercio*

Lo que hoy día nadie sabe (ni entonces tampoco) es la procedencia del término *tercio* con que se designaban estas agrupaciones de compañías que creó Carlos V. Se ha explicado como alusión a los tres mil hombres con que debía contar la unidad, mientras otros suponen que se llamaron así porque treinta años atrás, en la campaña del Rosellón, los soldados de infantería se repartían en tres grupos: un tercio iban armados de picas; otro lo integraban los escudados (soldados con espada y escudo) y el último, ballesteros y espingarderos.

También parece razonable que el nombre se deba a una expresión literal de la orden de creación, que habla de tres tercios, si bien, en ese supuesto, sobraría un tercio, dado que Carlos V, que también era rey de Cerdeña, estableció poco después uno en aquella isla, y en tal caso los tres tercios en que el emperador dividió la infantería española de Italia habrían pasado a ser cuatro. La verdad es que quinientos años más tarde sucedió lo mismo cuando se creó el Tercio Alejandro Farnesio, IV de la Legión: la Legión tenía cuatro tercios.

En los *Anales de la Corona de Aragón* de Jerónimo Zurita, se menciona que en 1497 se dictó nueva ordenanza para la «gente de guerra» que había en España, diferente a la que hasta entonces se usaba:

> Repartiéronse los peones [la infantería] (...) en tres partes. El uno, tercio con lanzas, como los alemanes las traían, que llamaron picas; y el otro tenía el nombre antiguo de escudados; y el otro, de ballesteros y espingarderos.

Según sostenía en 1598 el cronista Scarion de Pavía, un tercio debía estar integrado por quince compañías de doscientos soldados cada una,

> que vienen a ser tres mil soldados, a imitación de las legiones de los romanos. En español llámase tercio, en italiano y francés llámase coronelía; y los tudescos y valones lo llaman regimiento.

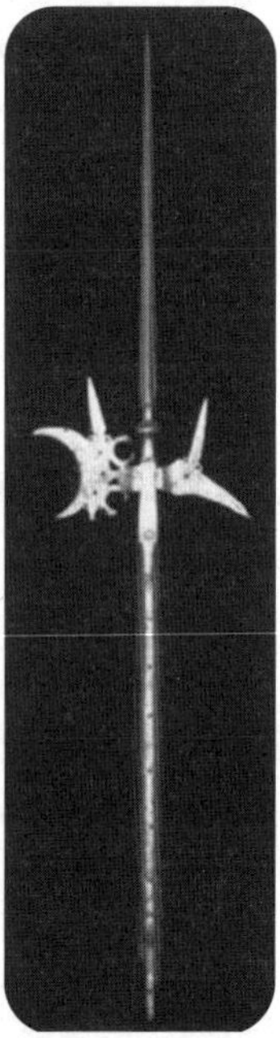

Punta de hierro de una alabarda que se incrustaba en un asta de fresno. El arma servía para clavar, tajar, enganchar y derribar. Museo Lázaro Galdiano.

Venga de donde venga la voz, lo cierto es que los cuerpos españoles de infantería recibieron el nombre de tercios, sin que esa denominación alcanzara a la caballería hasta el año 1649, en que por primera vez se crearon tercios de esta arma. La adopción en España de la palabra fue y continúa siendo un misterio, pero ha conservado su vigencia. A fines del siglo XVIII se creó el Tercio de Tejas, en América, y durante la guerra de la Independencia los voluntarios leoneses de la primera hora constituyeron el Tercio de Clavijo. Hoy, el término designa las mayores unidades de infantería de la Legión (donde también se emplea el vocablo *bandera*, que en los viejos tercios era sinónimo de compañía y hoy se utiliza para nombrar unidades tipo batallón). Además, existen tercios de Infantería de Marina o de la Guardia Civil, al mando de coroneles, con un número variable de compañías agrupadas en comandancias a cargo de tenientes coroneles.

Nombres y apodos

Cada tercio tenía un nombre propio. Unos el de su lugar de origen, como los de Nápoles, Sicilia y Milán (también llamado de Lombardía, como se ha indicado), o los de Saboya, Piamonte, Lisboa, Flandes, Cerdeña o Málaga. El tercio instaurado en la época de la Santa Liga fue denominado así, «de la Liga», y, cuando tuvo lugar la anexión de Portugal, los tercios de nueva creación se designaron con el nombre de su maestre de campo; fue el caso del Tercio de don Lope de Figueroa, protagonista del drama de Calderón *El alcalde de Zalamea*. Cuando, andando el tiempo, se crearon tercios que no eran de infantería española, se les dio el apelativo de cada nación: Tercio de Infantería Valona o Tercio Napolitano. Las unidades extranjeras se denominaban *regimientos* (sobre todo las alemanas) y *coronelías* (las italianas), pero sin mayor rigor: en la lista de las grandes unidades del ejército que atravesó Alemania a las órdenes del cardenal-infante don Fernando figuran tercios borgoñones,

El afamado maestre de campo Bobadilla que dirigió el tercio «de los Colmeneros».

el tercio napolitano de Gaspar de Toralto y, a renglón seguido, el regimiento napolitano de San Severino. Los soldados suelen tomarse libertades para llamar sus cosas.

Como toda unidad militar veterana y prestigiosa, cada tercio tenía su apodo. Según señala el investigador Juan Luis Sánchez, al tercio del prestigioso maestre Bobadilla lo llamaban «de los Colmeneros»; al de Sicilia que subió a Flandes (dejando otro tercio hermano atrás para la defensa de aquel reino), el «de los Sacristanes»; al del maestre Íñiguez, el «de los Cañutos»; y estaban también el «de los Zambapalos» o el «de los Asadores de Cocina de Su Alteza». Los apodos nacían de una gracia afortunada, de una ocurrencia cualquiera o de un chiste que cuajaba, perduraba y cuyo origen terminaba en el olvido: a uno célebre por el lujo con que vestían sus soldados se le llamó el «de los Almidonados» y a otro de bisoños que llegaron a Flandes con guitarras, el «de la Zarabanda».

Los Grandes Tercios Viejos y su estructura

A medida que se iban creando los nuevos, la denominación de tercios viejos se aplicó solo a los tres primeros, los de Nápoles, Sicilia y Milán, que con el tiempo recibieron el nombre, puramente sentimental, de Grandes Tercios Viejos.

Los primeros se establecieron de acuerdo con una estructura sencilla: un maestre de campo mandaba sobre su compañía y las de otros capitanes; el tercio agrupaba un total de tres mil hombres, distribuidos en doce compañías de doscientos cincuenta hombres o en diez de trescientos. Eran, en realidad, cifras muy optimistas que solo se alcanzaron en los primeros momentos de la recluta o en circunstancias excepcionales. En la práctica, debido a la dificultad para reponer bajas, las compañías eran mucho más pequeñas, y a lo largo de dos siglos contaron cada vez con un número menor de integrantes.

Al principio, el tercio que teóricamente agrupaba a tres mil hombres a duras penas llegaba a los dos mil; pero es que, a finales del siglo XVII, los más nutridos con dificultad tenían cuatrocientos. Se sabe que, en 1573, Julián Romero contaba con mil seiscientos veinte hombres en el Tercio de Sicilia. Por esta época también se había modificado mucho la estructura ternaria (picas, espadas y arcabuces) del Gran Capitán: ese mismo tercio disponía en el mencionado año tan solo de doscientas ochenta picas, siendo el resto arcabuceros.

Del mismo modo, las compañías de infantería española jamás alcanzaron trescientos o doscientos cincuenta hombres; una muy nutrida podía estar en alrededor de ciento cincuenta, pero la cifra normal era de entre cincuenta y ochenta infantes. A lo largo del tiempo estos números tendieron incluso a disminuir. La natalidad era escasa y España se iba despoblando a medida que sus gentes emigraban a las Indias, denominación que entonces recibía América.

En Nördlingen, las treinta y tres compañías del tercio de Idiáquez, que allí se cubrió de gloria y triunfo, sumaban en total mil ochocientos hombres, con una media de poco más de cincuenta por compañía.

La evolución de los tercios

Los tercios fueron la organización militar más avanzada de su época, un prodigioso equilibrio de mandos y unidades, un conjunto sólido y flexible cuyo elemento básico era la compañía, si bien ello no impidió que la composición de cada tercio cambiara con frecuencia a lo largo de sus casi dos siglos de vida. Tras la ordenanza de Génova (1536), vinieron otras que modificaron aspectos parciales, aunque sin alterar la estructura fundamental. En 1560, Felipe II estableció la composición del tercio en tres mil hombres repartidos en diez compañías, de las cuales solo dos eran de arcabuceros, y el resto, de piqueros. En 1603, una nueva ordenanza dispuso que el tercio tuviera entre quince y veinte compañías, con un total de dos o tres mil infantes. En este último caso, cada tercio incluía tres compañías de arcabuceros. La ordenanza de 1632 fijó doce compañías para los tercios destinados en España y quince para los del exterior, con tres mil soldados en ambos casos. Y otra orden que data de 1698, cuando ya los tercios estaban cerca de su fin, estableció doce compañías por tercio, con un total de cuatrocientos cuarenta y cuatro hombres.

El historiador Geoffrey Parker estima que, entre 1567 y 1636, las compañías de picas que combatían en Flandes tendrían once oficiales, doscientos diecinueve piqueros y veinte mosqueteros; y las compañías de arcabuces, once oficiales, doscientos veinticuatro arcabuceros y quince mosqueteros. En 1636 la plantilla de las compañías pasó a estar integrada por unos doscientos hombres, aunque había quince compañías por tercio, en lugar de doce. Para entonces, el predominio de las armas de fuego ya era muy claro: las compañías de picas tenían ciento veintisiete mosqueteros y solo sesenta y nueve piqueros; y las de arcabuces, ciento sesenta arcabuceros y treinta mosqueteros.

Así pues, el número de hombres por compañía varió mucho: de trescientos en 1560 a cien en 1603; y de doscientos y doscientos cincuenta (según estuvieran dentro o fuera de la Península) en 1632, a treinta y dos en 1698. Esta variación numérica se refleja en las obras de los diferentes tratadistas que escribieron sobre la táctica de los tercios, como Marcos de Isaba, Francisco de Valdés, Sancho de Londoño, Martín de Eguiluz, Cristóbal Lechuga o Bernardino de Mendoza, aunque la tendencia general de todos ellos fue dar más importancia con el paso del tiempo a los arcabuceros y mosqueteros, en detrimento de los coseletes o piqueros. Hacia 1567, el duque de Alba prescribió que cada compañía tuviera quince mosqueteros como mínimo, y a fines de esa centuria, los mosqueteros y arcabuceros de los tercios representaban más del sesenta por ciento del total de combatientes.

Pero los tres mil hombres que debían constituir un tercio nunca pasaron de ser una cifra teórica, ya fuera a causa de las bajas que no se reemplazaban o por la escasez de efectivos. En las últimas décadas del siglo XVI, los cuatro tercios españoles existentes en Flandes contaban en total con seis mil soldados, y en 1601 había tres que no superaban en total los mil quinientos hombres. Las cifras mermaron notablemente en años posteriores, tanto por la despoblación de Castilla, principal cantera de las levas del tercio, como por las continuas guerras, fuera y dentro de la Península.

Los testimonios de la época coinciden en señalar la gran dificultad para reclutar nuevos contingentes a partir de 1635, cuando se inició la contienda con Francia que duró veinticuatro años, en un momento en que el esfuerzo militar alcanza su punto culminante de exigencias. El historiador Domínguez Ortiz calcula que en los veinticuatro años que van desde 1635 a 1659, fecha de la Paz de los Pirineos, España perdió en combate doscientos ochenta y ocho mil hombres ente muertos, prisioneros y desaparecidos, sin contar los mutilados, que aumentaban la carga de la población activa, aunque con frecuencia eran destinados a custodia de fortalezas. Todos estos factores influyeron decisivamente en el número de efectivos reales de los tercios a lo largo de su historia. En la práctica, los tercios ajustaban el número y la composición de sus compañías como podían. Todo soldado tenía el deber de perfeccionarse en el manejo de su propia arma (arcabuz, pica, espada, rodela...), y en la instrucción táctica eran frecuentes las escaramuzas y los combates simulados.

En cuanto al factor moral, que siempre prevalecía sobre la técnica, era una responsabilidad que recaía directamente sobre el capitán, los oficiales subalternos y el alférez desde que los bisoños entraban a forma parte de la compañía. El tratadista militar Marcos de Isaba resume en cinco preceptos los fundamentos de la actuación del soldado de los tercios:

- Entenderán los soldados del capitán que el más alto precepto de la milicia es la obediencia.
- Entenderán los soldados del capitán el honroso oficio que entre manos traen y han profesado.
- Entenderán del capitán que guarden y conserven la Cristiandad que en España han heredado.
- Entenderán del capitán los soldados que vienen a ser defensores, y aumentadores de la Santa Fe Católica, y que guarden los preceptos de ella como tales.
- Entenderán del capitán los soldados que vienen a guardar y conservar los Reinos y Provincias de su Rey, y las que le fueren desobedientes y enemigas, castigarlas y conservarlas por su valor y armas.

Todo español que sentaba plaza de soldado en los tercios adquiría un compromiso personal con el propio rey, que era quien le pagaba. Contrariamente a lo que ocurría con otros vasallos, el soldado español no estaba obligado a jurar fidelidad y lealtad expresa al monarca, ya que este juramento se sobreentendía desde el mismo instante del reclutamiento, y solo dejaba de estar vigente con la obtención de la licencia. Desde el punto de vista individual, la licencia definitiva suponía la ruptura del contrato entre el rey y el soldado, ruptura que solo podía ser unilateral, a discreción del soberano, o, en su lugar, de los capitanes generales. Característica fundamental de los tercios españoles era que casi todos nacieron con voluntad de permanencia, algo bastante excepcional entonces en Europa, ya que las unidades militares solían formarse para campañas concretas, y se disolvían a su término, como por lo demás ocurría con las unidades valonas, italianas o alemanas del Rey Católico. Esa voluntad de permanencia permitía que los soldados estuvieran mucho tiempo en filas, aportando su veteranía como un valor seguro, aunque cambiaran de compañía o incluso de tercio. Los soldados eran profesionales a sueldo, pero lo que diferenciaba a los infantes españoles de otros era la lealtad a su soberano, al contrario de los suizos o los lansquenetes alemanes, cuya fidelidad a uno u otro bando oscilaba con frecuencia. Ni siquiera en los peores motines de Flandes los soldados españoles cuestionaron su adhesión al rey, como encarnación del concepto político-religioso global por el que luchaban, ni mucho menos contemplaron la posibilidad de entregar las armas o pasarse al enemigo.

3

Los hombres de los tercios

Alabardero, abanderado y arcabucero, tres figuras comunes en los tercios.

En los tercios había de todo, desde primogénitos de grandes de España a humildes gañanes; cada tercio era una escuela de fama y un tribunal de méritos al que acudían muchos privilegiados —gente con obligaciones, como se decía entonces— a demostrar que eran realmente los mejores. En los tercios españoles se solía cumplir a rajatabla el viejo principio que dice que todo ejército es una meritocracia, donde nadie es más que otro si no hace más y sabe más que otro. Así como entraban de soldado los hijos de los más notables, lo hacía una nube de segundones de casas nobles, como don Juan de Leyva, o caballeros como don Antonio de Isunza y don Juan de Gamboa, quienes, siendo estudiantes en Salamanca, interrumpieron su formación para ir a Flandes; y miles de hidalgos, denominación que en nuestro idioma se empleaba para lo que en otros países se llamaba «pequeña nobleza», que en España era especialmente abundante. En teoría no se admitían nuevos soldados que fueran ancianos, mutilados o menores de 20 años, pero esto último se incumplía de manera sistemática. Naturalmente, se daba preferencia a quienes ya dispusieran de armamento propio.

También entraban labriegos, como el hijo del alcalde de Zalamca, Pedro Crespo; arrapiezos como Alonso de Contreras y, como era inevitable, los rufianes y criminales que Estebanillo González y Alonso de Contreras se encontraron en el ejército de Andalucía. Por lo menos la cuarta parte de los soldados tenía derecho al don, es decir, que eran bachilleres o nobles, lo que significa una proporción excepcionalmente alta. En la España de aquellos tiempos, Cervantes, Lope de Vega, Calderón, Ercilla o Hugo de Moncada eran soldados, cosa que no fueron literatos como Shakespeare, Corneille o Goethe. Para asombro de los nobles europeos, la nobleza española no desdeñaba servir al rey combatiendo a pie en la infantería. En el tercio se daba la peculiar democracia de hecho que con frecuencia ha caracterizado a los españoles, para disgusto y escándalo de sus vecinos.

La *conduta* y la patente

El procedimiento de ingreso era muy sencillo. El rey necesitaba soldados y anunciaba un concurso para crear capitanes. Todo soldado veterano que se creyera con méritos pedía licencia a su general, acudía a la corte y presentaba al Consejo de Guerra sus papeles de servicios, es decir, los certificados que le habían otorgado sus capitanes o, excepcionalmente, algún maestre de campo o incluso el propio virrey. No eran meras palabras de trámite ni elogios inmerecidos: los superiores sabían bien que sus firmas podían hacer capitán a un soldado, y nadie tenía interés en ver a un indeseable convertido en capitán. No existía un registro central ni necesidad de papeleo; cada soldado llevaba consigo sus documentos, preservados del deterioro en el interior de un tubo de hojalata sellado con cera para hacerlo impermeable.

El Consejo de Guerra, después de estudiar la instancia del soldado y revisar sus papeles —examinando hasta las menores sutilezas del lenguaje, por si encerraran alguna crítica— entrevistaba al aspirante y, si merecía su aprobación, recomendaba al rey que lo hiciera capitán. El monarca firmaba la patente, un documento por el que procedía al nombramiento del hasta entonces candidato, asignándole un sueldo y estableciendo a quién correspondía la obligación de abonárselo. A continuación, le entregaba una *conduta* (conducta), la orden escrita de levantar una compañía en algún lugar de sus reinos, para que, después de ser revisada por el veedor y superada la muestra, la llevara adonde le fuera ordenado. En la pagaduría real el reciente capitán recibía a cuenta una bolsa de monedas de oro (doblas, ducados, escudos) para hacer frente a las primeras pagas de sus futuros soldados. Con este dinero debería vestirlos, armarlos, mantenerlos y darles la prima de enganche.

Alzar bandera

El nuevo capitán daba rendidas gracias a Su Majestad y a los señores miembros del Consejo y preparaba una bandera, una sábana pintada a su capricho pero que forzosamente debía estar atravesada de esquina a esquina por las aspas de la cruz de san Andrés en rojo (y no en blanco sobre azul, como en Escocia, pues el rojo era el color nacional de los españoles). Fijaba la sábana a una pica y buscaba un soldado veterano de confianza que quisiera ser su alférez. Mientras tanto, habiéndose corrido la voz de que ya era capitán, se le acercaban viejos soldados que se ofrecían con la esperanza de que los alistara como cabos o sargentos, así como una nube de muchachos que querían ser tambor o pífano.

El capitán elegía alférez, sargento, cabos, tambor y pífanos, y les adelantaba dinero para que se vistieran magníficamente, pues contaba con que las galas de su gente atraerían reclutas. Con ellos marchaba al pueblo señalado en la conducta, donde entraba a caballo, precedido del alférez con la bandera desplegada y flameante al son de una marcha militar que tocaban los pífanos y el tambor. Hablaba con el corregidor si lo había, y si no con los regidores, y les enseñaba la orden firmada por el rey, para que le cedieran temporalmente un buen edificio. Allí establecía su cuerpo de guardia y alzaba la bandera mientras los sones del tambor, desconocidos en el pueblo, llevaban a los vecinos la noticia de que el soberano buscaba soldados. Muchos jóvenes de la localidad se incorporaban enseguida, en buena parte entusiasmados por las galas militares. «¡Qué galán, qué alentado, / envidia tengo al traje de soldado!», exclamó al verlos el hijo del alcalde de Zalamea.

El capitán nombraba a un alférez que se convertía en el abanderado de la compañía.

En la vida apacible de los pueblos, la presencia de los soldados era todo un acontecimiento. Su apostura, su aplomo y su liberalidad, el rumbo con que gastaban su dinero en el mesón resultaban muy atractivos. En las tabernas, hablaban de gloria y de fama, pero también de las libertades de Flandes, las espléndidas hosterías de Italia, la abundancia de Milán, los festines de Lombardía, las dulzuras de Nápoles, la vida en Palermo, el botín, la riqueza, la blanca hermosura de las damas flamencas o la morena belleza de las napolitanas.

Si la ciudad era importante, el capitán se hacía con cincuenta o cien reclutas cuyos nombres anotaba cuidadosamente; las ordenanzas de 1632 disponían unas hojas en blanco a tal efecto, a continuación del breve texto impreso que contenía las normas que daba el rey. Detrás del nombre se apuntaba una somera noticia del aspecto físico del soldado —«moreno, una señal en la cara»— y el dinero que le habían adelantado, normalmente uno o dos escudos. En su caso, se le suministraba vestido y calzado, si lo necesitaba, y una cantidad para la pica. No se le daba más para evitar la tentación de deserciones inmediatas.

El soldado bisoño

Al nuevo soldado se le llamaba bisoño, según el léxico italianizante que usaban los tercios. El vocablo viene de *fa bisogno* ('hay necesidad', 'se necesita'), palabras que encabezaban la columna donde se reflejaban los hombres que faltaban a una compañía; de ahí que a los que venían a cubrir los huecos se les llamara *fabisoño* y después, *bisoño*. El nuevo soldado, a menos que demostrase conocer las armas de fuego y tuviese una, entraba de pica seca, lo cual equivalía a llevar al combate dicha arma sobre su cuerpo gentil, sin yelmo y sin coraza. A medida que pasaran los meses y se hiciera veterano, el bisoño iría adquiriendo el resto del equipo, empezando por el yelmo o morrión, un casco de acero en forma de media almendra, muy útil contra los sablazos de la caballería y los golpes de las alabardas, y el coselete, un peto de cuero de búfalo, que también podía ser de acero. Más adelante, si prosperaba, compraría botas y una rodela, un escudo pequeño y redondo, generalmente repujado, muy útil en campaña.

El soldado bisoño, *la pica seca,* estaba destinada a batallar a pie y con fortaleza de ánimo para aguantar las embestidas de la caballería. Su disciplina los hizo temibles y admirados.

Naturalmente, el piquero no podía cargar con todo, y por eso muy pronto nombraba paje de rodela a uno de los muchos chiquillos hambrientos que seguían al ejército con la esperanza de recibir de los soldados un trozo de pan. El paje de rodela les llevaba las armas y el equipaje.

El soldado ascendía pronto porque para ello bastaba con sobrevivir, y entonces empezaba a acumular *ventajas*, denominación de los complementos de sueldo. El arcabucero ganaba más que el piquero, porque tenía que comprarse el arma, que era cara, y pagarse la pólvora y la munición. En el fondo, muchos soldados de infantería aspiraban a ir montados, es decir, a convertirse en soldados de caballería, en cuyo caso tendrían que adquirir (y alimentar) un caballo, para lo cual recibirían, naturalmente, mayor soldada.

Pero si, a pesar de todo, el soldado seguía con la pica, también podía hacer carrera, convertirse en cabo (jerarquía militar que desempeñaba los mismos cometidos de los actuales cabos, cabos primeros y sargentos), con autoridad y responsabilidad sobre una escuadra que teóricamente sería de veinticinco hombres, pero que en la práctica solía tener cuatro o cinco y casi nunca más allá de una docena. Cada compañía solo contaba con un sargento —como hasta hace muy poco en los ejércitos anglosajones—, que entonces, lo mismo que hoy, era la pieza clave del funcionamiento de aquella compañía: velaba por el cumplimiento de las órdenes del capitán, repartía los alojamientos y se aseguraba de que las armas estuvieran limpias y en orden y de que los hombres contaran con bastante munición y pólvora seca. Bajo su inspección directa estaba el cabo furriel, con el mismo nombre y funciones que los actuales, encargado de abastecer y alojar, así como de nombrar los servicios, que se hacían por turno riguroso a menos que el capitán juzgase necesario alterarlo.

El capitán

Por encima del sargento estaba el capitán de la compañía, con una autoridad omnímoda en lo relativo a las acciones bélicas y el servicio del rey. Era el modelo en que se miraban sus hombres: tal era el capitán, así era la compañía. A su paje de rodela a veces se le llamaba paje de jineta, por la lanza, más corta que la pica, que utilizaba el capitán como distintivo de su rango, y que tenía múltiples utilidades, desde defenderse de un ataque de

El capitán Alonso de Céspedes (1518-1569) que sirvió en Italia y Flandes. A él se debe la estratagema del río Alvis, que atravesó con nueve hombres para sustraer las barcas con las que las tropas imperiales podrían forzar este paso tan estratégico. De sus hazañas siguen corriendo las voces por su Ciudad Real natal.

caballería a descalabrar a un insolente. Lo normal era que el muchacho cargara con ambas cosas, que solo entregaba a su superior en el momento del combate. El de paje de rodela, o de jineta, era uno de los puestos más peligrosos del ejército: desarmado junto al capitán, en primera línea y delante de todos.

El alférez

En presencia del capitán, el alférez no mandaba; su función era llevar en el combate —y defenderla con su vida— la bandera de la compañía, el signo distintivo que mientras estuviera enhiesto en medio de la niebla y el humo de la batalla (niebla y humo reales, que producía la combustión de la pólvora negra de entonces y que ocultaba el campo de batalla) significaba que la compañía resistía y seguía luchando, lo que en los tercios era lo mismo que ir ganando. Hay casos conocidos de alféreces que perdieron ambos brazos y sin embargo sostuvieron la bandera con los dientes, que ya es sostener, porque la pica pesaba unos cinco kilos. Para las largas marchas de muchos cientos de kilómetros que hacía la compañía, el alférez se buscaba un sotalférez, o sota, para que le llevara la bandera.

El maestre de campo

Los maestres de campo se elegían entre los capitanes de más fama y experiencia. El virrey, el capitán general o el gobernador, en el momento de su relevo, o bien cuando el ejército tenía que aumentar en previsión de alguna empresa, proponía al rey los capitanes más distinguidos, muy pocos, que podían quedar al frente de un tercio. Lo normal era empezar mandando una unidad de infantería extranjera, valona o italiana, antes de acaudillar un tercio de españoles, cosa que algunos no consiguieron nunca: el famosísimo Cristóbal de Mondragón solo comandó belgas, nunca a sus compatriotas.

Los auxiliares del maestre de campo del tercio

El maestre de campo tenía un auxiliar principal, el sargento mayor, que equivalía al jefe de Estado Mayor actual, con autoridad sobre todos los capitanes, pero sin compañía propia. El sargento mayor disponía a su vez de un ayudante de su confianza, puesto que suele olvidarse al describir la organización de los tercios. El sargento mayor (o abreviadamente, mayor) y el ayudante son cargos que han persistido en los regimientos de todo el mundo casi hasta nuestros días, y que dieron origen a los empleos militares de teniente coronel y comandante.

El furriel mayor se ocupaba de los alojamientos y los almacenes, lo que hoy llamamos aspectos logísticos. El médico, el cirujano y el barbero velaban por la salud corporal del tercio, y el capellán mayor, que creó la ordenanza de 1632, por la espiritual, con autoridad sobre los capellanes que contrataba cada compañía. El tambor mayor se dedicaba a la instrucción de los pífanos y tambores de las compañías, que resultaban vitales para transmitir órdenes. El oidor y sus auxiliares (escribano, dos alguaciles, un carcelero y un verdugo) estaban encargados de incoar los procesos judiciales, así como los testamentos de los miembros del tercio. Finalmente, el barrachel (que más adelante, en Flandes, pasó a llamarse preboste) era el jefe de la policía militar, y se ocupaba del orden y la limpieza de los campamentos, la seguridad de las instalaciones y de evitar la dispersión de los soldados.

El sargento mayor

Uno de los principales cometidos era el que recaía en el sargento mayor, factótum del tercio: impartía las órdenes a los capitanes, decía cómo había que formar, dónde se alojaría cada compañía y transmitía las consignas esenciales para el funcionamiento cohesionado de aquellos miles de hombres. El sargento mayor estaba muy ocupado, tenía mucha responsabilidad y, aunque gozaba de algunas ventajas, le faltaba la principal, que era tener su propia compañía, como el maestre y los demás capitanes. Para desempeñar sus tareas elegía un ayudante, que podía ser el alférez que le había acompañado previamente.

Reformados y entretenidos

En campaña, las bajas se cubrían a base de reformar (disolver) las compañías que llegaban de España. El maestre de campo general (el general que mandaba el ejército) distribuía los soldados y rehenchía las compañías veteranas que andaban más escasas, más flacas. El capitán reformado pasaba entonces en calidad de entretenido a su cuartel general, es decir, a su disposición y a su costa, o lo devolvían a la corte a que pretendiera. Tenía también la posibilidad de entrar a servir de soldado aventajado en la compañía de un amigo, conservando las ventajas o complementos de sueldo que le hubiera dejado el general, y en caso extremo podía intentar levantar por su cuenta una compañía de caballería, que siempre eran escasas. Lo normal era que el capitán reformado permaneciera entretenido en el cuartel general, donde procuraba intervenir en la mayor cantidad posible de hazañas con el fin de destacar y que el general le diera compañía cuanto antes.

Por otra parte, el general disponía de una larga lista de tareas delicadas o especializadas para sus entretenidos. En ocasiones precisaba de alguien que espiara en territorio enemigo, que llevara una misión delicada a un país vecino o que se ocupara de la artillería o las fortificaciones, porque, en la época, los hombres que se dedicaban a estas tareas no estaban agrupados en cuerpos específicos, sino que eran soldados veteranos que habían empezado su vida militar en una compañía de infantería. Fue el caso de Cristóbal Lechuga, que llegó a ser un gran artillero después de llevar muchos años la pica al hombro.

A los reformados, el general les señalaba alguna ventaja específica —que conservaban en caso de entrar a formar parte de una compañía como soldados aventajados—, aunque nunca tan alta como la del cargo que habían desempeñado mientras conducían la compañía al teatro de operaciones. A cambio les ordenaba acompañarlo en su Cuartel General o estar a su disposición si los llamaba.

También los tercios podían verse reformados, sobre todo los que se creaban para trasladar tropas de Italia a Flandes por el Camino Español. En 1591, cuando llegó a Flandes desde Lombardía, el de don Luis de Velasco sufrió esta suerte: sus compañías se distribuyeron entre los tercios veteranos, que estaban muy escasos de tropa. De sus diez compañías, siete quedaron sin capitán, pues los que habían venido de Italia quisieron volverse con sus familias, lo que permitió dar compañía a otros tantos capitanes reformados, alféreces o ayudantes.

Las bajas también podían cubrirse con los españoles que residían en la zona de operaciones; de hecho, como al llegar el invierno con frecuencia se reformaban muchas compañías, era fácil volverlas a constituir en primavera. En teoría, los tercios españoles solo admitían soldados nacionales, consideración en la que desde un principio quedaron incluidos los irlandeses a todos los efectos. Más adelante, a medida que los españoles fueron cada vez más escasos, esta norma se relajó mucho.

Ventureros o aventureros

Cerca de los tercios y formando parte del entorno, pero no de la unidad, los soldados ventureros o aventureros luchaban sin percibir soldada —aunque con derecho a la parte de botín que les correspondiera o que capturaran, de ahí las *joint ventures* o empresas mixtas de nuestros días—, pero en lo demás hacían su vida. Los ventureros o aventureros podían ser muy útiles o, por el contrario, convertirse en un auténtico incordio —que era el eufemismo para designar entonces los forúnculos y más concretamente las bubas de las enfermedades venéreas—; tenían que vencer la desconfianza inicial de los mandos y de los soldados, algo no tan difícil si se era generoso.

Los capellanes

Los soldados de cada compañía contrataban un capellán, como saludable precaución para el trance de la muerte, nada improbable en su oficio; el capellán se movía desarmado por el campo de batalla con su cruz y su estola, dando los últimos auxilios a los agonizantes, un oficio muy arriesgado por el odio que los herejes manifestaban hacia los sacerdotes católicos. Lo llamaban páter o padre y, como las unidades de católicos ingleses tenían que servirse de religiosos españoles, también los denominaron así, razón por la cual en los ejércitos anglosajones al *military chaplain* se le llama «padre» en español. A partir de 1587, la *missio castrensis* de Thomas Sailly y sus compañeros jesuitas se hizo cargo de la atención espiritual de los tercios, lo que elevó el nivel intelectual y moral de los capellanes.

4

El espíritu que los animaba

El orgullo del arcabucero habla mucho del sentimiento de justicia que animaba a aquellos aguerridos varones que obedecían convencidos de la victoria honrosa.

Para sorpresa de los españoles de hoy, que lo ignoran casi todo sobre sí mismos, han sido muchos los extranjeros que han señalado a España como una nación con rasgos acusadamente militares. Tal vez se deba a que la nacionalidad se estuvo forjando en la Reconquista a lo largo de ocho centurias, en la guerra más larga que haya sostenido pueblo alguno. En los siglos XVI y XVII este rasgo aparecía claro por ser la consecuencia natural del pasado inmediato. Los enemigos comunes de la nación española seguían siendo prácticamente los mismos y estaban en idénticos lugares, de modo que las armas eran un acompañamiento inseparable de los españoles.

«¡Bendita España, que pare y cría los hombres armados!», exclamó Francisco I de Francia cuando, prisionero en Madrid, veía jugar a los niños con espadas de madera. En un país en que los más pequeños llevaban espada, hacerse soldado no era nada extraño; la decisión se apoyaba en bases muy firmes.

En primer lugar, el soldado español estaba persuadido de que defendía su fe religiosa, y era cierto; tendrían que pasar más de doscientos años, cuando los tercios ya solo eran un recuerdo, para que las armas españolas atacaran a un país cristiano que se defendía de los turcos. Mientras hubo tercios no fue así; al menos en principio, las intervenciones en Flandes o en Berbería, en Centroeuropa o los Balcanes no fueron de carácter agresivo, sino movimientos defensivos. Es un hecho poco conocido, pero las guerras de Flandes no empezaron por el deseo de preservar los derechos feudales de un soberano borgoñón, sino para poner coto a las matanzas terribles y a la furia iconoclasta de los calvinistas en los Países Bajos. Los soldados de los tercios estaban convencidos de que peleaban por una causa justa, algo que en todos los lugares y en todos los tiempos ha sido el asidero moral más firme del soldado ante la brutalidad de la guerra.

Más aún: el soldado de los tercios no era, como sus compañeros de oficio europeos, un contratado al servicio de cualquiera que le pagase; él servía al rey de España, su rey, el hombre que en aquellos siglos encarnaba las aspiraciones e ideales (y también la pasión por la justicia y el derecho) de los españoles, y a quien el combatiente profesaba una lealtad sin fisuras que siempre fue motivo de asombro para los cínicos embajadores venecianos, cuando informaban a la Señoría, enemiga tradicional de España. La fidelidad al soberano, junto con la fe católica que los españoles compartían —al que no la compartía ya lo habían obligado a salir—, era el más sólido cemento de aquella monarquía plural.

El honor y la honra

Pero si el carácter militar de la nación, la defensa de la fe, la convicción de servir a una causa justa y la lealtad al rey eran los soportes de la conducta de los soldados españoles, probablemente el móvil que los llevaba a hazañas increíbles estuvo en el honor, un sentimiento que en el siglo XVI tenía la fuerza de mover las conductas hasta límites insospechados. El honor siempre ha sido difícil de definir, y difícil de distinguir de la honra; hoy entendemos que el primero constituye nuestra conciencia del deber, y la segunda es la opinión que nuestras acciones merecen a los demás. Ni el honor ni la honra tienen hoy la misma fuerza que en los siglos XVI y XVII, cuando ambos conceptos andaban muy unidos entre sí.

Honor y honra estaban dotados de una fuerza terrible. Aquel como el alto concepto que cada uno tiene de sí mismo, que obliga a comportarse y estar a la altura de lo que uno es, se imagina ser o quiere ser, y esta como buena fama, buena opinión que en los demás determinan uno y sus cosas, y que de rebote exigía virtud en las mujeres, depositarias en gran medida de la honra familiar.

Así, por ejemplo, mientras la honra instaba a quedar bien, mostrarse valiente y arrojado en un asalto, donde todos, jefes, compañeros y enemigos, verían la conducta, el honor era mucho más exigente porque apretaba cuando nadie estaba mirando. Era la pulsión íntima de hacer lo mejor, alcanzar la excelencia en todas las cosas, llevar a cabo grandes hazañas de fama imperecedera y exigirse a uno mismo más allá de lo que mandaban los caudillos. La honra era la opinión que los demás tenían de uno, y el honor la que uno quería tener de sí mismo. Uno y otra constituyeron las dos grandes y poderosas motivaciones de aquellos dos siglos, y aunque fueron sentimientos que, distorsionados, a menudo provocaron comportamientos erróneos, en general llevaron a los hombres de los tercios a conductas de la más alta exigencia: fue el caso del soldado aventajado Miguel de Cervantes, que aquejado de fiebre se pone en primera línea cuando se entera de que su nave va a entrar en batalla, y enfermo y todo aún recibe en la pelea un mosquetazo que le machaca la mano izquierda.

La reputación

Esta enorme exigencia íntima representada por el honor venía alimentada por el conocimiento de las hazañas de los compatriotas en el pasado, y que seguían realizando día a día a la vista de todos. Unas y otras habían forjado un sentimiento de superioridad verdaderamente sólido. Es evidente que algo así obliga muchísimo. Los españoles de los tercios, conscientes de que eran los mejores, aceptaban sin rechistar que se los empleara en todo aquello que a los demás parecía imposible. Cuando llevaban tres meses sitiados en Amiens, y ya estaban comiendo ratas y cuero hervido, un capitán español se mostraba seriamente preocupado porque ya no se luchaba por la reputación sino por salvar la vida, bajeza que sin duda le parecía repugnante.

Alonso de Ercilla, que como paje había acompañado al futuro rey por Europa, orgulloso de sus hazañas en América, dirige su *Araucana* a Felipe II.

La verdad es que sus contemporáneos opinaban lo mismo: nada estaba fuera del alcance de los españoles. A principios del siglo XVII, un comerciante español de Manila pidió a Felipe III que enviara una compañía de compatriotas a conquistar el imperio de la China. La corte no solo tomó la carta en serio, sino que hubo preparativos muy avanzados para mandar a Filipinas una armada con un tercio, algo que finalmente no se pudo ejecutar porque, como solía ocurrir, las tropas y los barcos hicieron falta en otra parte. Después de una arenga de Pescara, los soldados, que estaban amotinados, se amansaron cuando se les recordó que los españoles no van a la guerra como obreros, según el uso de los mercenarios, sino a ganar gloria, triunfo, victorias y reputación.

«Rodomontadas»

La comedia italiana satirizaba las bravatas de los españoles, personificados en el capitán Rodomonte, un insufrible fanfarrón. La obra tuvo éxito, y en varios idiomas (aunque no en el nuestro) se habla de «rodomontada», vocablo sin equivalente en español, que en ocasiones se ha traducido por 'gentileza' y 'bravuconada', hasta que apareció la palabra *machada*, equivalente exacto en todas sus acepciones.

Las rodomontadas no eran meras jactancias y bravuconadas, sino que estaban respaldadas por los hechos. El traductor inglés del libro de las *Spanish Rhodomontades* subtituló así:

> Pruebas oculares e históricas del heroísmo español y de su superior bravura demostrada en las guerras con los franceses, alemanes, holandeses y otras naciones a las que siempre vencieron... menos a los ingleses, que siempre los vencieron a ellos.

Lo cual tampoco es mala *rodomontada.*

La ambición

Otro móvil poderoso era la ambición. Los españoles de entonces estaban persuadidos de que todo estaba a su alcance, aunque se tratara de conquistar un imperio. Cortés, que con trescientos hombres había destruido ya uno sanguinario para instaurar una inmensa nación de nuevo cuño, todavía vivía cuando se crearon los tercios, y estuvo con ellos en la conquista de Túnez. Todos los soldados habían oído contar que Pizarro, el conquistador del Imperio inca, había trazado una raya en el suelo con la punta de la espada: «Por allá se va a Panamá a ser pobres; por aquí, a conquistar un imperio».

Para el soldado español todo era posible, y así, uno de modesto rango jerárquico, una pica seca, podía soñar en una noche de guardia:

(...) mañana soy alférez, ¿quién lo quita?
y sirviendo a Felipe y Margarita,
embrazo y tengo paje de rodela.
Vengo a ser general, corro la costa,
a Chipre gano, Príncipe me nombro
y por rey me corono en Famagusta.
Reconozco al de España, al Turco asombro...
Con esto se acabó de hacer la posta,
y hallóse en piernas, con la pica al hombro.

Los sueños de este soldado no eran desmedidos ni utópicos: al jovencillo Alonso de Contreras, que a los 18 años mandaba ocho soldados españoles y veintiocho marineros malteses, los habitantes de la isla griega de Astynpalia, al este de Creta, le prepararon una encerrona en un banquete para obligarlo a que fuera su rey. Los suyos tuvieron que liberarlo con la amenaza de abrir las puertas a cañonazos.

Medrar

Muchos soldados se alistaban para medrar y escapar a la tremenda pobreza de los secarrales nativos: «A la guerra me lleva mi necesidad; si tuviera dineros no fuera, en verdad». Los tercios, como la Iglesia, eran un canal abierto a la movilidad vertical, donde cualquiera que lo mereciera, por humilde que fuera su origen, podía escalar a lo más alto y ganar fama y riqueza. Las Indias, la Iglesia y los tercios fueron las válvulas que disiparon las tensiones sociales de una sociedad desigual donde la comida llegaba escasamente para todos, pero donde todos sabían que a fuerza de valor, tenacidad y trabajo podrían llegar donde se propusieran. Como se ha visto más arriba, en los tercios no faltaban ocasiones por mar y tierra para hacerse rico a costa del enemigo. El soldado llevaba sobre sí sus medios de pago, su fortuna líquida, en monedas y joyas, que a su vez facilitarían en su momento el enriquecimiento del enemigo.

Si el soldado no era un jugador compulsivo o no dilapidaba sus haberes con el rumboso señorío a que tan aficionados eran nuestros compatriotas, llegaba a prosperar, compraba buena ropa, el coselete, el morrión, y se hacía con una casa con criados que lo sirvieran. El caballo podía facilitarle el paso de infante de los tercios a las compañías de caballería. Era mejor ir a caballo que a pie, pero el jinete tenía menos posibilidades de despojar al enemigo y hacía menos prisioneros.

5

Los haberes

Los soldados de los tercios cobraban en escudos de oro, pero con frecuencia, los sueldos se demoraban mucho tiempo y la consecuencia eran los motines.

Desde tiempos remotos, el ejército español llama haberes a todos los ingresos del soldado, en dinero o en especie. El haber más importante es desde luego el sueldo, pero no es el único, ni mucho menos. A las motivaciones de orden anímico del combatiente, se añadían otras de índole material. Por ejemplo, la vida fuera de España tenía sus atractivos.

Hoy resulta difícil valorar cuán sugestiva debió de resultar para aquellos españoles la libertad de costumbres que existía más allá de las fronteras hispanas. Tampoco era pequeño estímulo el hecho de que, fuera del solar patrio, el soldado se convertía casi automáticamente en hombre de posibles, como se decía entonces, porque, efectivamente, la soldada era muy buena.

La soldada

Al soldado español se le pagó durante muchísimo tiempo en oro. En principio, la soldada básica dentro de la compañía (excepto para el capitán, que tenía cuarenta escudos de sueldo básico) era de tres doblas. La dobla era una magnífica moneda que tenía 4,6 gramos de oro y había sido acuñada por los Reyes Católicos. Más adelante, sus sucesores en el trono siguieron pagando a sus soldados en oro, pero en escudos, ya no en doblas. Aunque los escudos españoles eran bastante mejores que los franceses, solo tenían 3,383 gramos de oro, de modo que, a partir de Felipe II, los monarcas, en realidad, pagaban un veinticinco por ciento menos que los Reyes Católicos. A pesar de este importante descuento, los ingresos del soldado seguían siendo altos, pues fuera de España el oro valía muchísimo más que dentro. España sufría un continuo proceso inflacionario; una tierra muy pobre que apenas producía alimentos para las cuatro quintas partes de la población estuvo recibiendo casi desde el mismo momento del descubrimiento de América toneladas y toneladas de metales preciosos. Como la producción no aumentó, sino que más bien disminuyó por la falta de los brazos que emigraban a Indias y las continuas guerras, y las posibilidades de importar víveres al interior de la meseta estaban drásticamente limitadas por los transportes de entonces, resultó que había muchísimo más dinero para comprar las mismas cosas, con lo cual todo subió de precio.

En otros países, este mismo proceso se produjo mucho más tarde y mucho más despacio, con cuentagotas, de modo que la soldada en oro que dentro de España daba escuetamente para vivir, fuera se convertía literalmente en un tesoro, pues en toda Europa nadie, salvo los príncipes, compraba ni vendía utilizando este metal ni, de hecho, había visto una sola moneda de oro; tan solo de cobre y, todo lo más, de plata. No obstante, hay que hacer notar que, en Flandes, la prolongadísima presencia de soldados del rey hizo afluir allí un mínimo de dos millones de escudos mensuales, que generaron a su vez inflación y carestía, de modo que la soldada no bastaba. Por esta razón, el sistema de haberes evolucionó, y hacia 1630 los hombres cobraban media paga en especie: pan, ropa, armas y alojamiento.

Las ventajas

La pica seca, el soldado más raso de todos, percibía solo tres escudos, una situación que no se prolongaba por mucho tiempo, porque por poco que se distinguiera empezaba a acumular ventajas con su valor y a veces con su sangre, o bien se le daban como incentivo. Si disponía de coraza, recibía un escudo más al mes, por haber mejorado la seguridad en el combate. El arcabucero cobraba tres escudos más para las municiones, y otro de suplemento si disparaba mucho. Al mosquetero le daban lo mismo por lo que pesaba el arma.

Los de la banda (pífanos y tambores) también tenían tres escudos de ventaja. El cabo, treinta, y el sargento, otros cinco más, pues hay que tener en cuenta que este último era también cabo, y cobraba las ventajas de este, pues casi todas las ventajas eran acumulables. El alférez tenía doce escudos de ventaja.

El sueldo básico del capitán de una compañía eran cuarenta escudos y el del sargento mayor, solo veinticinco, pues al no tener compañía propia no cobraba como aquel, de modo que el puesto daba más disgustos que ventajas. El maestre de campo cobraba como capitán y veinticinco escudos más, si bien, para la anexión de Portugal, Felipe II concedió a los seis maestres de campo españoles ochenta escudos de sueldo, y otros treinta y dos escudos más para que cada uno se costease una guardia de ocho alabarderos.

Ducado cuádruple (1537), doble ducado (1635) y cincuentines de la época de Felipe IV. Colección Museo Lázaro Galdiano.

Las plazas muertas

Como las compañías tenían gastos que el legislador no había previsto y por tanto no estaban presupuestados, los capitanes lo remediaban inventando soldados que no existían, cuyas soldadas servían para subvenir a los costes imprevistos. La práctica puede rastrearse, aunque no demostrarse, en muchos países y momentos. En tiempos de los Reyes Católicos, a estos combatientes *virtuales* se los llamaba «peonías baldadas». En los tercios se hablaba de plazas muertas o santelmos, por su semejanza con los fantasmagóricos fuegos de San Telmo que aparecen en los palos de los barcos, y se juzgaba que cuatro plazas muertas por compañía no era una cantidad abusiva y entraba dentro de los buenos usos militares.

Administración y control

Naturalmente, esa no era la opinión de contadores, veedores y pagadores. La corona estableció un sistema administrativo de inspección y control, el más avanzado de su tiempo, para comprobar que los soldados que pagaba eran combatientes reales y no meras anotaciones en la lista. El pro-

Luis de Requesens, con el toisón de oro concedido por Felipe II, que tanto bregó para poner orden en las arcas reales.

ceso empezaba cuando los soldados de la nueva compañía pasaban muestra ante el veedor, una revista que se repetía periódicamente. Los capitanes, entonces, pedían prestados hombres de otras compañías, o hacían pasar revista a sus pajes como si fueran soldados. No hay que olvidar que los pajes eran criados personales que, en caso de recibir algún pago, pues habitualmente servían por la comida, este procedía de su amo y no del rey.

Pero si todas las trampas fallaban, los capitanes, como último recurso, acudían respetuosamente a presentar sus quejas al maestre de campo. Luis de Requesens, el amigo catalán de Felipe II y compañero de juegos de su infancia, quiso recortar las plazas muertas de las compañías de Flandes y pidió a los capitanes declaración jurada de los soldados bajo su mando; los capitanes lo tomaron a mal y solo después de mucho porfiar le dieron las listas, pero sin juramento y sin firma.

Los motines

Las principales complicaciones, sin embargo, no venían de las plazas muertas, porque una compañía de españoles vencía igual con cien hombres que con ciento cuatro. El verdadero problema era que la corona no cumplía su parte del contrato; las pagas se retrasaban y los soldados querían cobrar. No les faltaba razón. Como ejemplo, a los de la ciudadela de Amberes se adeudaban nada menos que ¡ciento seis mensualidades! El señor de Brantôme, un gentilhombre francés que entretenía a su reina con historias de los tercios se expresaba en estos términos:

> Ya me he referido a la disciplina militar de los españoles, ciertamente magnífica, bien cuidada y gentilmente observada. Pero debe reconocerse otra verdad, y es que la tropa es muy fastidiosa e impertinente con la soldada y muy presta a amotinarse por ella, aunque no lo hagan por otras razones.

No es que al rey le faltara voluntad de pagar; era que tenía muchos compromisos de todo tipo. A veces también ingleses u holandeses asaltaban los barcos españoles cargados del oro y plata de América; aunque existió un desarrollado sistema de convoyes protegidos —que, por cierto, copiaron los aliados durante la Segunda Guerra Mundial—, cuando el ataque tenía éxito, lo que ocurrió en más de una ocasión, el Rey Católico, que iba siempre apurado, se quedaba sin recursos. No menos pirata, pero más elegante, era el soberano francés, que autorizaba el paso por su territorio de caudales procedentes de la Península hacia Flandes con un peaje de bandolero: por cada ciento cincuenta mil escudos que enviaba el rey de España, el de Francia se quedaba con cincuenta mil.

Grabado de Hogenberg que recoge escenas del amotinamiento de los tercios de Alost, uno de los motines que más perjudicaron a la causa española en la guerra de Flandes.

Cuando los soldados perdían las esperanzas de cobrar se impacientaban y, en consecuencia, surgían los motines, que en general coincidieron con las épocas de escasez y carestía de los países donde estaban de guarnición. Desde luego, no solo se amotinaron los españoles, sino todos los combatientes; de hecho, en ocasiones los españoles cedieron sus bienes para que se pagara a los de otras naciones. Las revueltas de los soldados de los tercios eran ejemplares: jamás se han visto amotinados con tanta disciplina. Lo primero que hacían era echar del campamento a los mandos para no ponerlos en el compromiso de elegir entre la lealtad al rey o a sus hombres.

Después escogían a uno de ellos, el «electo», al que daban autoridad total, incluso de vida y muerte, y que, asesorado por un consejo también electivo, se preocupaba de mantener la más estricta disciplina.

Los amotinados hacían saber sus exigencias y a continuación se abría un largo periodo de negociación. Entre las peticiones, además del cobro de los atrasos bajo el lema «Todo, todo, todo» o «Todo y en oro», y garantías de que no habría represalias, solían incluir que al liquidar el motín cada uno pudiera elegir compañía, así como otras reivindicaciones que hoy llamaríamos de carácter laboral.

La mejor forma de poner fin a la revuelta era abonar enseguida lo adeudado, lo que tenía arreglo relativamente fácil si el monto no era muy alto. Pero si la cantidad atrasada era grande, el problema auguraba mala solución porque ni el gobernador local ni el Rey Católico en su lejana corte tenían con qué pagar. Una vía intermedia era el sustento: si el gobernador tenía con qué, entregaba a los soldados «un adelanto de sus atrasos» a cuenta para que fueran viviendo mientras se solucionaba el conflicto definitivamente.

El resultado de los motines

El resultado de los grandes motines fue siempre desastroso, y en muchas ocasiones también trágico. No es exagerado decir que este tipo de revueltas hicieron más por la victoria de los rebeldes que ellos mismos. Pero tampoco eran buenos para los propios amotinados: una vez habían cobrado, muchos optaban (o se les obligaba) por abandonar el ejército y el país. A los amotinados de Amberes, por ejemplo, se les dio un plazo de doce días para salir de los Países Bajos y durante su viaje se vieron sometidos a las emboscadas de los campesinos, que los sabían cargados de dinero. Otras veces, las autoridades se tomaban su tiempo para vengarse de los cabecillas más significados: casi todos murieron combatiendo a los turcos.

El despojo

La soldada y las ventajas no eran los únicos haberes; además, el soldado se enriquecía con los prisioneros, los despojos, el botín y el saqueo.

A través del denominado *despojo* el soldado se adueñaba de las pertenencias —armas, dinero, joyas, ropa, calzado— de aquellos a quienes había derrotado. Normalmente los jefes prohibían abandonar el combate para entretenerse en despojar a los enemigos, y la tarea quedaba reservada a los pajes, de modo que una nube de arrapiezos avanzaba inmediatamente detrás o mezclada con las tropas para proceder a la tarea. Los pajes rebanaban el gaznate de los agonizantes y malheridos y a continuación les arrebataban todo lo aprovechable que llevaran encima, de ahí los numerosos cadáveres desnudos en los campos de batalla de la época. Otras veces eran los mismos soldados quienes realizaban el despojo, dejando a alguien, normalmente un paje, al cuidado del montón de ropa, armas, botas y preseas ya capturado.

Los prisioneros

Los prisioneros eran de quien los apresaba. Se capturaba a los ricos con la esperanza del rescate, y por eso las víctimas se apresuraban a prometerlo, haciendo valer su condición noble para no ser degolladas allí mismo. La práctica ordinaria en los campos de batalla de Flandes, Alemania y Europa Central era «despachar» sobre el terreno a los heridos graves; lo mismo que se hizo con los hugonotes franceses que se rindieron después de intentar establecerse en la Florida. En Flandes, los hábitos se dulcificaron a medida que la guerra se institucionalizó: los holandeses curaron y devolvieron al capitán Melchor en Empel, y hacia 1599 era normal conservar a todos los prisioneros con vistas al rescate. Sin embargo, estos procedimientos tardaron en imponerse, y el despojo no desaparecería de Europa hasta muy avanzado el siglo XIX.

En el Mediterráneo era diferente, pues la flota de galeras del rey consumía mucha chusma, es decir, remeros forzados. Los prisioneros infieles —moros, turcos, berberiscos, renegados—, que no esperaban rescate (ya que los musulmanes no recuperaban a sus prisioneros), podían venderse al Estado, para que remaran en las galeras de la corona, o a la Orden de Malta a un precio que, a fines del siglo XVI, era de sesenta escudos por término medio.

Cuando tuvo lugar la anexión de Portugal, Felipe II se reservó para sí todos los prisioneros «que se dejaren de matar», de cualquier calidad o condición que fueran.

El botín: el monte o montón

Para el general, el despojo durante el combate era muy perjudicial, pues, como se ha apuntado, los soldados ocupados en despojar a sus víctimas dejaban de pelear; de hecho, muchos combates se perdieron por esta causa. El general podía dar instrucciones sobre el procedimiento y ordenar que se juntara todo el botín en un monte o montón para repartirlo después de la batalla, una práctica más segura, pero que encontraba resistencias, especialmente cuando algún hombre abatía a un enemigo que no escondía su riqueza. Los soldados de entonces llevaban su fortuna encima —no acostumbraban a usar bancos, ni existían tarjetas, bonos de guerra ni libretas de ahorro—, en forma de gruesos collares de oro con dijes, broches en el sombrero, botonaduras de oro o piedras preciosas, y en la cintura, donde se alojaba la bolsa o escarcela con monedas de oro. Los collares se despiezaban eslabón a eslabón para los pagos fraccionarios.

El quinto real

El reparto del monte se hacía de acuerdo con normas muy antiguas, que en España habían pasado a la legislación al menos desde las *Siete Partidas* de Alfonso X el Sabio. Todo soldado sabía lo que era suyo y lo que era del monte; este se distribuía de acuerdo con la minuciosa reglamentación del mencionado código, de conocimiento común: el rey se llevaba la mitad (solo un quinto, el quinto real, si no había financiado la empresa), y lo demás se repartía de modo equitativo. Así pues, en un combate afortunado, el soldado que apresaba a un rico enemigo lo despojaba del oro que portaba y, al terminar la pelea, tendría su parte en el monte. Al final, meses después cobraría el rescate de su prisionero, que según los casos podía alcanzar miles de monedas de oro.

El saqueo

No obstante, el auténtico momento de enriquecerse llegaba con el saco o saqueo subsiguiente a la captura de una ciudad. Si los soldados llevaban tiempo sin cobrar, una forma de resolverlo era tomar la plaza al asalto; por eso los hombres llevaban tan mal que la ciudad en cuestión capitulase, es decir, se rindiese con condiciones. Las capitulaciones generalmente concedían a la guarnición vencida los honores de la guerra, por ejemplo, salir con banderas desplegadas, arma al hombro, los arcabuces con la mecha encendida, los oficiales con sus equipajes y los soldados con sus mochilas. Si los sitiados habían sido bravos y buenos combatientes, eso no molestaba a nadie. Pero se llevaba peor que las capitulaciones incluyeran un apartado que obligara a respetar las vidas y haciendas de los habitantes del lugar; las vidas eran una cosa y las haciendas, otra.

Los soldados entendían que la obstinación de los defensores, enemigos del rey, había sido alimentada por la ayuda y las voluntades de los habitantes, que, por tanto, merecían castigo. Si el general de los sitiadores concedía el saco, los soldados entraban al asalto con un saco al hombro para apoderarse de todo: dinero, joyas, alimentos, ropas, muebles, hasta los enseres de cocina. Era el premio largamente esperado. Durante los saqueos podían producirse violaciones, que la autoridad militar solo procedería a castigar días más tarde, cuando la furia se hubiera amansado. Cuando las tropas de Alba saquearon los alrededores de Lisboa, Felipe II envió jueces especiales a ahorcar a quienes contravinieron sus órdenes expresas de respetar a los portugueses. Los soldados quisieron, a su vez, ahorcar a los jueces y Alba tuvo que recordar a Felipe II que esos mismos hombres acababan de darle un reino.

6

La vida del soldado

Miguel de Cervantes fue soldado aventajado en los tercios.

Los tercios habían sido creados para combatir, pero no siempre estaban en campaña; en estas ocasiones, la vida del soldado era muy distinta en función de donde se encontrara.

Para empezar, no era lo mismo estar en un campamento que de guarnición en una fortaleza, una existencia aburridísima esta última. Pero tampoco pertenecer al tercio en Milán, Nápoles o Sicilia, que estar en un tercio embarcado; en rigor, ni siquiera era igual estar embarcado en la Mar Océana, denominación que recibía el Atlántico, que en el mar Mediterráneo.

Las boletas de alojamiento

Cuando una compañía del tercio llegaba en su marcha a una ciudad o un pueblo, el furriel se adelantaba al ayuntamiento a pedir las boletas de alojamiento, es decir, unas octavillas de papel donde se asignaba al soldado la casa de un vecino para que lo albergara. En principio, los hombres eran bien recibidos si este tipo de alojamiento (que se llamaba y llama acantonamiento) se proporcionaba por primera vez; pero si hacía poco que el pueblo había tenido soldados, la acogida era menos calurosa y los vecinos procuraban escurrirse de su obligación de hospedarlos. En la casa que le había sido asignada, el soldado solamente podía exigir al dueño agua, sal, aceite (para las armas y las lámparas), vinagre (desinfectante contra piojos y para endurecer los pies llagados) y asiento a la lumbre. Sin embargo, muchos de ellos, los que veían al soldado como a un hijo y al oficial como al rey, procuraban agradar y se esforzaban por proporcionar la mejor habitación y comida. A pesar de todo, siempre hubo abusos: si el furriel era desleal, tomaba dinero de los vecinos adinerados y distribuía a los soldados entre las casas de los más pobres, en chozas y pajares, o mandaba a la compañía a alojarse en otro pueblo. La Inquisición de Cuenca abrió proceso a un capitán que, en su traslado de la corte a Valencia, descontento con su albergue, amenazó al patrón con violar a su mujer y a sus hijas y sodomizarlo de postre. Como se trataba de sodomía, que era competencia de la Inquisición, el capitán tuvo motivos para lamentar sus amenazas.

La camarada

Si la estancia en una ciudad se prolongaba indefinidamente, como ocurría a los tercios que estaban de guarnición en las fortalezas, a veces llamados fijos, los soldados vivían en régimen de camaradas, lo que se significaba que ocho o diez de ellos compartían la misma cámara, habitación o vivienda alquilada, contribuyendo por igual a los gastos comunes. Las camaradas constituían un potente factor de cohesión interna. Un embajador informaba a la Señoría de Venecia de que una de las razones de la fortaleza interna de los tercios era hacer la camareta:

> Hacen la camareta, esto es, se unen ocho o diez para vivir juntos dándose entre ellos la fe [el juramento] de sustentarse en la necesidad y en la enfermedad como hermanos. Ponen en esta camareta las pagas reunidas proveyendo primero a su vivir y después se van vistiendo con el mismo tenor, el cual da satisfacción y lustre a toda la compañía.

Para evitar que esta institución cayera en desuso, la ordenanza de 1632 dispuso que las camaradas fueran restablecidas por ser

> las que más han conservado a la nación española, porque un soldado solo no puede entretener el gasto forzoso, como juntándose algunos lo pueden hacer, ni tiene quien lo cure y lo retire, si está malo o herido.

Las camaradas no se establecían solamente entre soldados y mandos inferiores, sino también entre los maestres de campo y oficiales de más rango. Eran la manifestación concreta de la fraternidad que imperaba en el tercio, que forjaba unidades muy sólidas cuyos miembros se sacrificaban individualmente por el bien del grupo. Esta afectividad se veía reforzada en ocasiones por el parentesco entre soldados de la misma estirpe. Era frecuente que en el mismo tercio sirviesen hermanos, cuñados o primos, y no era raro que en algunos casos todos llegaran a ser capitanes. Todo ello convertía al tercio en una gran familia donde se compartían penas y alegrías, y en caso de apuro exaltaba el sentimiento de unión. Quatrefages cita la carta que los soldados de Flandes dirigieron a los amotinados en la ciudad de Alost pidiéndoles socorro para los sitiados en Gante:

> Siendo como somos (...) en el afición propios de hermanos (...) prometemos como Españoles y juramos como cristianos (...) de morir por ellos (...) como amigos por amigos y hermanos por hermanos (...) porque Españoles pelear tienen por gloria, y vencer por costumbre, pues vamos señores por amor de Dios a socorrer el castillo de Gante donde están nuestros amigos y hermanos.

El cuartel

La palabra *cuartel* es engañosa porque aludía al barrio donde se alojaba el tercio. Todavía en el viejo Madrid pueden leerse en las esquinas de las calles la leyenda de los azulejos que expresan de qué cuartel (barrio) es cada manzana de casas. Los cuarteles, en el sentido actual del término, no existían o eran muy raros; eran más frecuentes en las unidades de caballería, que los necesitaban a causa del ganado. Uno de ellos fue el que hizo construir el Ayuntamiento de Madrid en la actual calle de Conde Duque para las Guardias, o el de los Cavalleggeri en Roma, cerca del Vaticano. Cuando el tercio guarnecía una fortaleza, la vida del soldado era más cuartelera, aunque se regía en buena medida por normas de autodisciplina.

Las ciudades opulentas construían barracas, míseras edificaciones destinadas a alojar a los combatientes, de modo que los locales no se vieran obligados a albergarlos en sus casas. El término *barraca* acabó siendo adaptado por los anglosajones para designar los cuarteles (*barracks*).

Tiendas de campaña y campamentos

En campaña, y muy especialmente durante los largos asedios de las ciudades amuralladas de la época, la vida era de campamento; al comienzo se utilizaban tiendas hasta que más adelante se construían barracas o alojamientos de circunstancias, generalmente con las maderas de alguna edificación en

Campamento fortificado en las cercanías de Tirlemont que hizo construir Hurtado de Mendoza, almirante de Aragón y general de la caballería ligera de Flandes, durante la campaña de 1602 contra el ejército de Mauricio de Nassau.

ruinas. Las tiendas se formaban con los paños de lona, el paño de tienda, compañero inseparable de los soldados desde los tiempos de Roma; y es que la voz *compañero* viene de *cum pannis* ('el que también lleva paño de tienda') y no del *cum panis* ('con pan'), como suele decirse. Estas piezas de lona tenían en los bordes botones o lazos para unirse unas a otras. La tienda elemental era la clásica pirámide de cuatro paños, para cuatro soldados, que en los grabados de la época tiene delante un astillero, una especie de soporte para las picas, pues los soldados más bisoños solían ser picas secas. Los hombres dormían vestidos pero sin botas, a menos que se ordenara lo contrario, arrebujados en sus capas y con la cabeza sobre las galas, es decir, sobre la bolsa o hatillo donde guardaban sus vestidos de más prestancia.

La comida

Cada camarada se ocupaba de su comida guisada por un paje o por una mujer contratada. Para comer mojaban el pan en la olla común o sacaban las presas de carne con la daga. Mucho tiempo después de desaparecidos los tercios, el regimiento de África que sucedió al Tercio de Sicilia sería llamado «el de la Cuchara», porque la esposa del coronel, apiadada de tan burda manera de alimentarse, regaló una de estas piezas a cada soldado.

Durante las marchas, combates y asedios, el tercio se obligaba a que no faltaran víveres a precio justo, lo que imponía una tarea de planeamiento y almacenaje. Los alimentos, como los esparcimientos, los suministraban los vivanderos, quienes a su vez compraban en el almacén que contrataba con ánimo previsor el furriel mayor. Si los víveres andaban escasos y estaban racionados, los furrieles recogían los suministros de sus compañías donde les indicara el furriel mayor y se ocupaban de distribuirlos.

Letrinas

El campamento disponía de letrinas, cuya localización señalaba el barrachel, que ejercía de alcalde de aquella populosa ciudad de lona. Sin embargo, cuando la pereza invitaba a desahogarse en lugares menos alejados, el soldado se acuclillaba envuelto en su capa, que lo ocultaba a miradas indiscretas. Para facilitar las cosas, no era infrecuente que los gregüescos, los calzones abombados característicos de la moda masculina del siglo XVI, o los más largos calzones de la siguiente centuria, que se anudaban bajo la rodilla, tuvieran abierta la costura inferior, como la ropa interior de las damas del XIX. A juzgar por los grabados de la época, todavía iban más ventilados los lansquenetes alemanes, a quienes sus contemporáneos califican de desvergonzados y a los que Durero dibujó con los glúteos al aire.

El distintivo de la infantería española

En principio, los soldados de los tercios no tenían uniforme, en el sentido que hoy damos al término, pero estaban obligados a llevar sobre la coraza una banda roja o, a falta de ella, si no era coselete, una cruz o un aspa cosida permanentemente en el jubón. El rojo era, como se ha indicado, el distintivo del ejército del Rey Católico y, en consecuencia, de la infantería española.

La prenda característica de los soldados españoles, por lo menos en las primeras filas, solía ser una banda roja, y la de los capitanes, una faja del mismo color ceñida a la cintura, muy ancha en el caso de los maestres de campo y maestres generales (no olvidemos que eran también capitanes).

El vestido

En 1562 el capitán Barahona, que estaba de visita en Madrid, se quejó a Felipe II de que en la corte le hicieran vestir de negro como a los civiles, pues de ese modo no se le conocía que fuera soldado, que por su oficio debía llevar ropas espléndidas y llamativas. Los soldados recién incorporados con frecuencia estaban medio desnudos, y después de las primeras marchas, más que medio descalzos, pero pronto se desquitaban y querían vestir con lujo. Siempre que podían, exhibían trajes ostentosos de colores vivos, con plumas en el sombrero y armas damasquinadas. De ahí vendría la expresión «ir muy flamenco». El señor de Brantôme, un leal enemigo que los conoció de cerca porque combatió junto a ellos y contra ellos, los evocaba admirado ante la reina Margarita de Francia: «Pasaban orgullosos como reyes: los capitanes, arrogantes como príncipes; los soldados, tan apuestos que parecían capitanes».

Andando el tiempo, para remediar la desnudez de los nuevos soldados, el rey contrató suministros de prendas de paño pardo, el color que daba la lana sin teñir de las ovejas españolas, así como de calzado, que el capitán entregaba a cada hombre en el momento de sentar plaza, en concepto de adelanto a cuenta. Pero no existía una voluntad de uniformidad, de que todos fueran iguales, más bien se trataba de que no fueran desharrapados.

No fue hasta 1694, cerca ya del final de su existencia, cuando los tercios empezaron a vestir de modo uniforme y se dictaron disposiciones que asignaban los distintos colores de cada uno.

La familia

La corona contemplaba los matrimonios de sus hombres en Italia y Flandes, tanto entre la tropa como en la oficialidad, como una fuente de problemas, ya que ni las soldadas ni los alojamientos estaban previstos para acoger a una familia. Además, si el soldado moría era preciso poner remedio al desamparo de la viuda y la prole. La hacienda real —en palabras del rey que recogía la ordenanza— se quejaba de que en los mencionados lugares había más soldados casados que solteros, y eso obligaba a sostener dos ejércitos: «uno de vivos, que me sirven, y otro de los muertos, que me sirvieron, en sus mujeres e hijos». Los tratadistas pensaban que la familia debilitaba al soldado y le distraía del servicio; ni el monarca ni los consejeros querían sentirse responsables de los millares de huérfanos y viudas de quienes perdieron la vida en combate. De hecho, la ordenanza de 1632 prohibió expresamente que los soldados se casaran.

Pero es un viejo principio de historia que una cosa es la ley y otra la vida, de modo que quien quiso contrajo matrimonio con la bendición del capellán de la compañía, que prefería verlo casado que amontonado.

Un análisis de doscientos veintiséis testamentos de soldados revela ciento treinta viudas: bastante más de la mitad de los testadores estaban casados. Los soldados españoles matrimoniaban generalmente con mujeres del país donde residían y, a juzgar por sus hojas de servicio, hacían buenas bodas. Con frecuencia las familias legítimas (o casi) de los combatientes acompañaban a los tercios, en una turbamulta de vivanderos, artesanos (herradores, armeros, zapateros, guarnicioneros, sastres), mujeres públicas, rebaños y parientes que seguía en cola a las largas columnas militares en sus desplazamientos. Por ejemplo, durante la temporada que hubo guarnición española en la ciudad católica de Hertogenbosch, iban con los tres mil soldados hispanos cinco mil quinientos familiares, criados y demás personas de servicio.

Mujeres públicas, mujeres particulares y bujarrones

Por no alentar el casamiento de los soldados se toleraba que acompañase al tercio un contingente de prostitutas que algunos cronistas estiman en un diez por ciento del total de la tropa, y los tratadistas, de cuatro a ocho por compañía. De acuerdo con las investigaciones de Quatrefages y Parker, se consideraba que una compañía necesitaba seis mujeres públicas, pero cuando el archiduque Alberto, que estaba ordenado de sacerdote, pasó a Flandes, seis por compañía le parecieron muchas y las redujo a dos o tres, disponiendo además «que se disfrazaran de lavanderas u otro oficio honesto». Estas mujeres viajaban y se alojaban (gratuitamente) aparte de los soldados, y no podían permanecer en el campamento durante la noche.

Es preferible —dice Sancho Londoño— que no haya hombres casados, pero debe permitirse, para evitar mayores inconvenientes, que haya, por cada ciento, ocho mujeres, y que estas sean comunes a todos los hombres. Brantôme, por su parte, afirma haber visto pasar con el ejército del duque de Alba que iba a Flandes «cuatrocientas cortesanas a caballo, hermosas y valientes como princesas, y ochocientas a pie, también muy en su punto».

La sodomía estaba perseguida en todos los países cristianos; según las leyes españolas constituía un grave delito cuya investigación y proceso correspondían a la Inquisición, si bien el castigo quedaba en manos del brazo secular, es decir, la justicia del rey. Se conservan procesos inquisitoriales contra soldados bujarrones. El caso más señalado lo cuenta el señor de Bourdeille, quien dice que un capitán general de la costa de Berbería murió en la hoguera por esta causa en tiempos de Carlos V, como todos los convictos de ese delito, sin que nadie, excepto, naturalmente, el interesado, le diera la menor importancia.

La desgracia, la enfermedad y la muerte

Los tercios fueron adelantados en la atención a sus heridos y enfermos. Existía una caja de previsión, organizada y gestionada solidariamente, que recogía cada mes parte de las soldadas para atender enfermedades y desgracias. Además de los cirujanos y barberos del tercio, que se ocupaban de los heridos, el ejército del rey tenía hospitales, como los de Bruselas o Messina, para cuidar a los enfermos y asegurar la recuperación de los heridos convalecientes. A fin de no depender de los extranjeros, el ejército tenía su propia botica, servida por farmacéuticos militares. Lo que hoy llamaríamos «seguridad social» de los tercios iba muy por delante de los usos de la época, y en algunos aspectos no fue igualada hasta el siglo XX. El soldado de los tercios gozaba del muy antiguo privilegio de otorgar testamento en campaña, el llamado testamento militar, sin pasar por un notario.

Caer malherido en combate era una sentencia de muerte: la víctima sería seguramente degollada para proceder a su despojo o bien agonizaría hasta morir en el campo de batalla. Las posibilidades de evacuar heridos graves eran limitadas, dependían en primer lugar de que los tercios hubieran vencido en el enfrentamiento y, por otra parte, de las existencias de carros ambulancia, más bien escasos. La actitud ante los prisioneros evolucionó con el tiempo. Al principio, mientras que los de calidad pasaban detenidos a fortalezas en espera de rescate, nuestros soldados fueron degollados, vendidos como esclavos o enviados a galeras. Durante la guerra de los Treinta Años, la escasez de combatientes fue tal que los ejércitos encuadraban en sus unidades a los enemigos que capturaban, aunque los rebeldes de los Países Bajos se conformaban con que nuestros soldados prisioneros no combatieran contra ellos.

7

Las armas de los tercios

Falconete.
Eran unidades de artillería pequeñas, con cañón de un metro de largo y calibre de 5 a 7 cm, capaces de lanzar proyectiles de tres libras.

Los tercios modificaron muy pronto la organización en picas, arcabuces y escudados que había dado el Gran Capitán a la infantería española, pero mantuvieron en uso las tres armas. Pronto se prescindió de los escudados, ya que todos, piqueros o arcabuceros, combatían a espada cuando era necesario. En 1567, a espada, pica y arcabuz añadió el duque de Alba, para aumentar la potencia de fuego de los tercios, el mosquete, un arma de fuego más pesada y eficaz que el arcabuz.

La pica

La pica era una lanza enorme que medía cinco metros y medio. En la actual iglesia parroquial de Atienza se conserva una que apoya en el suelo de la nave y cuya punta rebasa la barandilla del coro. Se prefería —y a veces así se especificaba expresamente— que el asta o palo de la pica fuera de fresno vizcaíno, por sus excepcionales condiciones de flexibilidad y ligereza. El arma pesaba unos cinco kilos y estaba rematada con hierros en ambos extremos: por abajo con el regatón (contera) y por arriba con la moharra, una cuchilla que en la parte inferior tenía un tope transversal para poder retirarla después de usada.

El asta no era lisa sino abombado hacia el centro, a once palmos del regatón y quince de la punta, a fin de dar mayor solidez. La moharra podía tener forma de hoja de laurel, de olivo (más estrecha), de puñal o ser prismática, y se sujetaba a la madera mediante el cubo, una pieza cilíndrica provista de dos largos vástagos clavados al palo con veinticinco tachuelas, sobre los que se arrollaba cordón para mayor seguridad. Durante la marcha,

La eficacia de las picas requería su uso en cuadros compactos. En la imagen, un grupo de piqueros entrenándose en colocar en posición sus picas ante un ataque.

en previsión de lluvia y, sobre todo, de los rayos, la moharra se mantenía enfundada hasta el momento del combate. La pica, como todas las demás armas, era propiedad del soldado, que la adquiría con su primer sueldo.

La pica era lo que hoy llamaríamos un obstáculo contra carros; estaba concebida para frenar a distancia a la caballería acorazada, que era imparable por cualquier otro medio hasta que se generalizaron las armas de fuego individuales. Al constituirse el escuadrón, que era la formación de combate de los tercios, los piqueros ocupaban las primeras filas. A un toque de caja (tambor) y pífanos, abatían las picas que habían mantenido enhiestas, hincaban firmemente el regatón en el suelo y las inclinaban de modo que las puntas quedaran a la altura del cuello y los ojos de los caballos enemigos.

Los arcabuceros que habían estado delante se retiraban mientras la caballería enemiga cargaba a galope. Aunque encerrados en un pasillo de picas, los piqueros necesitaban toda su sangre fría para esperar el choque y que los animales a galope quedaran clavados en aquel mar de púas.

Al marchar, o para hacer guardias, la pica se descansaba en el hombro. Durante la noche, se apoyaban en armeros en forma de porche (astilleros) delante de las tiendas. La pica era el arma de los bisoños, la compañera inseparable de los soldados recién ingresados, que en cuanto podían se compraban un arcabuz y esperaban una vacante —que siempre se producía— para convertirse en arcabuceros. La importancia de las picas fue disminuyendo paulatinamente en beneficio de las armas de fuego: en las unidades del Gran Capitán rondaban el cuarenta por ciento, y setenta años después esta proporción se había reducido al veinte por ciento. La disolución de los tercios coincidió con la desaparición de la pica, sustituida, aunque imperfectamente, por el fusil armado de bayoneta.

La espada

Espada ropera con guarnición de lazo. Un tipo de arma habitual entre 1520 y 1620, muy eficaz para detener cortes.

La espada era el arma blanca, recta, larga, de pincha y corta, o sea, de filo y corte, que llevaban todos los soldados de los tercios. La primitiva organización de la infantería del Gran Capitán tenía un veinte por ciento de escudados o rodeleros, soldados que únicamente iban armados con espada y rodela (un escudo pequeño y redondo de unos sesenta centímetros de diámetro), pero esta organización no duró, como se ha explicado, de modo que los soldados de los tercios eran piqueros, arcabuceros o mosqueteros. Los escudados desaparecieron por innecesarios cuando casi todos los combatientes llevaron espada.

La espada de los tercios era flexible y ligera porque en general se empleaba para batirse en duelo y no, como las medievales, para cortar brazos o cabezas o perforar una coraza de placas o anillos, tareas que exigían hojas rígidas y pesadas. Por esta misma razón, en vez de tener gavilanes —topes perpendiculares entre el pomo y la empuñadura, lo que daba forma de cruz al arma—, como las medievales, disponían de un tazón o cazoleta que protegía la empuñadura. La diferencia entre la espada y el estoque estriba en que aquella podía pinchar o cortar como un largo cuchillo de dos filos, mientras que el segundo está concebido sobre todo para penetrar, aunque hacia la punta disponga también de filos para herir.

Las espadas que usaban los soldados de los tercios eran armas realmente largas que se llevaban de manera permanente en la vaina, funda que a su vez iba sujeta al tahalí, una bandolera de cuero, o mediante correas o tiros al talabarte, el cinturón colocado encima de las caderas. Para andar, la mano descansaba en el pomo o empuñadura para equilibrar el peso de la hoja y evitar que la contera, extremo de la vaina, golpeara el suelo. El pomo estaba protegido por un alambre trenzado de metal precioso, oro o plata, para que el arma no resbalara de la mano con el sudor y la sangre. La mano que empuñaba el pomo quedaba protegida por la cazoleta, una pieza metálica con aspecto de tazón, generalmente calada y repujada en oro, o con un lazo de acero, que protegía bastante menos. La hoja se fabricaba batiendo a martillo láminas de acero sobre una larga varilla de hierro. El acero daba corte y flexibilidad a la espada, y el hierro, ductilidad y tenacidad para que no se rompiera. En España se hacían excelentes espadas en Zaragoza, Calatayud, Cataluña, Bilbao, Segovia, Valencia y, sobre todo, en Toledo, cuyo acero cobró fama mundial.

La espada era el arma de defensa individual, y al contrario que el sable de los jinetes y caballos corazas, que requería potencia muscular en el brazo y una muñeca muy fuerte, el espadachín necesitaba sobre todo vista, destreza y agilidad. El combate a espada se hace de perfil, para presentar menos blanco al enemigo, y con movimiento continuo para hurtar el cuerpo a las acometidas del contrario. Era el arma noble por excelencia; las más conocidas se transmitían como un bien precioso, ya que en cierto modo heredaban las hazañas del enemigo vencido.

La daga

La daga era un arma blanca, relativamente corta (un tercio de la espada), con punta y en general con filo. Para los soldados españoles del siglo XVI constituía el complemento casi inexcusable de la espada. Según un ilustre enemigo, los españoles

> se baten espada en mano, no retroceden jamás; paran el golpe con el puñal que llevan siempre y cuando hacen con él el gesto de tirar al cuerpo debéis desconfiar de la cuchillada; y cuando os amenazan con la cuchillada, debéis creer que quieren alcanzaros el cuerpo (...) son temibles con la espada en la mano a causa de sus puñales (...) he visto varias veces a tres o cuatro españoles hacer huir a varios extranjeros y echarlos por delante de ellos como a un rebaño de corderos...

La daga solía tener dos filos cerca de la punta, pero tampoco era raro que contara con tres y hasta con cuatro. La hoja era lisa o bien presentaba un canalillo central para que corriera la sangre y pudiera extraerse más fácilmente. Aunque los jefes y los caballeros la llevaban al lado derecho o cruzada sobre la pretina, el soldado prefería portarla a la altura de los riñones, sujeta al cinturón en la espalda, de modo que pudiera sacarse con la mano izquierda. En el duelo a espada la daga era un peligroso complemento en la otra mano del combatiente.

La daga, en manos de los infantes españoles, era un arma temible y un complemento casi obligado de la espada en la lucha cuerpo a cuerpo.

La daga experimentó diversos grados de refinamiento en Europa: las escocesas tenían en la empuñadura una orejeta donde meter el pulgar para que no resbalara con la sangre; las italianas de orejas, que eran muy cortas, presentaban numerosos orificios en la hoja para introducir veneno y que la herida fuera mortal. Las dagas florentinas, largas y estrechas, alcanzaron notable fama. Los soldados de los tercios solían usar las de vela, relativamente anchas, de hoja triangular y con la empuñadura protegida por un triángulo de metal abombado en forma de vela y adornado con ricos damasquinados.

Para el combatiente de infantería la daga tenía dos aplicaciones principales: una, como ya se ha dicho, como complemento en el duelo a espada, y otra de quitapenas o misericordia para rematar a los enemigos gravemente heridos o bien para rendir a los caballeros derribados de sus monturas, a los que el peso de su armadura impedía levantarse. Sin embargo, diversos factores confluyeron para relegarla: la caballería acorazada aligeró su coraza renunciando a algunas piezas de armadura, de modo que el caballero derribado pudiera incorporarse y seguir luchando a pie. Por otra parte, las armas cortas de fuego (pistolas) sustituyeron a la daga como arma final y decisiva con ventaja, pues podían herir a distancia. Finalmente, no puede olvidarse la labor tenaz de los capellanes, que trasladaron con éxito a los soldados católicos las disposiciones del Concilio de Pisa, en virtud de las cuales se prohibían dagas de más de un palmo de longitud. Con el tiempo, el arma sería sustituida por la navaja, cuchillo plegable que tenía la misma utilidad y estorbaba menos.

Jineta, espontón, alabarda y partesana

El capitán, el sargento e incluso los cabos podían llevar armas de asta que, engarzadas en un palo de dos metros o dos metros y medio, eran como las divisas actuales, permitían reconocer de un vistazo la situación de las jerarquías. El capitán portaba la jineta, lanza corta del tamaño de un chuzo, que terminaba en una hoja corta ovalada, con punta y filo. La hoja estaba dorada a fuego, y la moharra iba sujeta al asta por el cubo, adornado con una borla con flecos y lazos. El capitán exhibía además espada y daga y, si era de

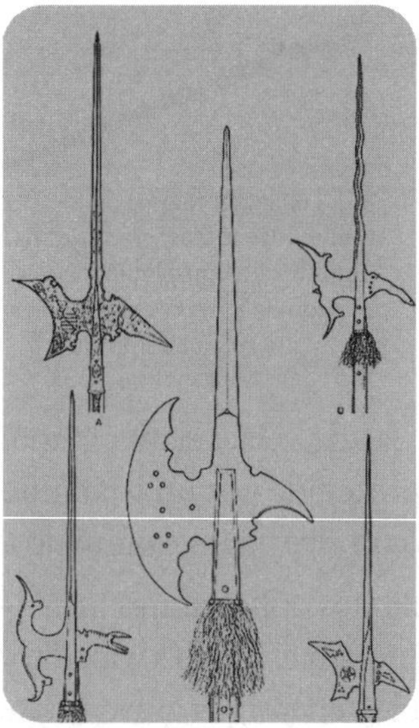

Alabardas con distintas «cabezas de armas». Estas armas se utilizaron de manera efectiva en batalla hasta finales del siglo XVII. Actualmente, con fines combativos, si llegara el caso, solo las utilizaría la Guardia Suiza del Vaticano.

arcabuceros, arcabuz si lo juzgaba necesario. La jineta de los oficiales se llamaba espontón.

La alabarda, un arma múltiple de dos metros o dos metros y medio de longitud, servía de divisa al sargento de la compañía. Aunque existían varios tipos diferentes, todas llevaban en el centro una cuchilla de algo más de un palmo, con punta y filo, que cumplía la misma función que la lanza. Cerca del cubo, punto de unión con el asta, tenía por un lado un hacha, con el filo curvado hacia adentro o hacia fuera, de acuerdo con la opinión del armero sobre la eficacia relativa de la curvatura o los picos del hacha, y al otro un gancho para derribar del caballo.

Finalmente, los cabos podían llevar partesana, una alabarda modesta, sin adornos, solo con una punta de lanza en el centro y tal vez una media luna metálica debajo que servía de tope y ayudaba a retirar el arma una vez clavada.

El arcabuz

El arcabuz era el arma larga de fuego individual de la infantería española. Los arcabuceros componían al inicio la tercera parte del total de soldados, pero su número fue aumentando hasta el ochenta por ciento o más de los efectivos del tercio. Al principio, arcabuceros y piqueros estaban mezclados en las compañías, pero más adelante formaron compañías homogéneas. La versión más razonable hace derivar la palabra arcabuz del alemán *hackenbuchse*, escopeta de gancho, aunque también podría proceder del italiano (*arco bugio*) o del árabe (*al kabus*). La horquilla, el *hacken*, como lo llamaban los holandeses, era un hierro en forma de U colocado en el extremo de una vara de siete palmos, que servía de apoyo al extremo del arma. En cuanto se fabricaron armas de fuego más ligeras, la horquilla desapareció, no solo del arcabuz, sino también del mosquete, que era más pesado. El arcabuz era un arma de fuego relativamente larga, de 90 a 130 cm, cuyo calibre (diámetro interior del tubo) era también grande. Mientras que las armas de fuego actuales tienen calibres de entre 4,5 (las más ligeras) y 12,7 mm (los pesados fusiles de precisión), los arcabuces disparaban balas de 19 a 30 mm de diámetro. El soporte de madera del tubo, llamado caja, era relativamente corto y poco inclinado; la caja albergaba el sencillo mecanismo de disparo, nacido a mediados del siglo XV, cuando se aplicó a algunas armas de fuego portátiles una varilla de hierro giratoria en forma de S, el serpentín, que servía de alojamiento a un cabo de mecha encendida capaz de dar fuego al polvorín, el polvo fino que finalmente encendía la pólvora del arma.

El fuego entraba a través del oído y encendía la pólvora que llenaba el extremo inferior del tubo (ánima). El arcabucero preparaba el tiro vertiendo en esta última la pólvora que llevaba en un frasco de cuerno o, más adelante, en uno de los doce tubos (los doce apóstoles) que sujetaba en una bandolera al pecho, con la carga exacta para un disparo. Después encendía la mecha con piedra y eslabón, y una vez encendida soplaba para quitar las cenizas. A continuación, envolvía la bala en un trapito (calepino), la empujaba hacia dentro del tubo y apretaba todo con una varilla llamada baqueta. Luego apuntaba y, cuando visaba el blanco, apretaba una palanca curva, el disparador, que estaba protegido por un guardamanos para evitar un disparo accidental. El disparador hacía bascular el serpentín en el que previamente había fijado la mecha encendida.

Un armero español puso muelle al serpentín para que volviera a su posición inicial, y a principios del XVI los armeros alemanes diseñaron una rueda movida por un resorte que funcionaba como los encendedores actuales; al resorte se le daba cuerda con una llave, lo que hizo que los mecanismos de disparo en general acabaran siendo llamados precisamente llaves. El sistema de disparo con rueda resultaba caro, porque era difícil de fabricar, y no era muy fiable, de modo que no sustituyó al serpentín. Más adelante aún, los doce apóstoles darían paso a cartuchos de papel llenos de pólvora sobre la cual estaba la bala; el cartucho ahorraba mucho tiempo.

Arcabuz.

Cuando la pólvora se inflamaba, sus gases empujaban el proyectil, una bala esférica de plomo que salía del tubo a una gran velocidad para los estándares de entonces: unos 200 metros por segundo. La energía cinética era muy considerable y, a menos de 60 m, el golpe de la bala bastaba para poner fuera de combate al enemigo, aunque no penetrase en su cuerpo. Con todo, se trataba de un arma muy imprecisa: no se podía asegurar adónde iría la bala, por lo que el alcance eficaz era mucho menor.

En virtud del principio de la conservación de la cantidad de movimiento, el culatazo, la reacción a la salida de la bala, era brutal. Los arcabuces de los tercios eran más pesados que los de caza, pero más ligeros que los de muralla, realmente enormes y pesados (24 a 28 kg), que necesitaban de dos sirvientes, es decir dos hombres entrenados, para manejarlos.

Los arcabuceros eran los soldados más jóvenes, alentados, diestros, sueltos, recios y sufridos; no hacían guardias nocturnas y tenían sobresueldo para comprar la pólvora y las balas. Un arcabucero instruido podía hacer de diez a cuarenta disparos a lo largo de un enfrentamiento. Arcabuceros y mosqueteros señorearon los campos de batalla hasta su sustitución en el siglo XVIII por los fusileros, que portaban un arma de menor calibre y más fácil de disparar. El arcabucero presentaba un blanco muy visible, pues toda la maniobra de cargar se hacía necesariamente de pie.

El mosquete

Como se ha expresado, el arcabuz tenía poco alcance eficaz; el duque de Alba recomendaba no disparar hasta tener al enemigo a poco más de dos picas, es decir, a unos quince metros.

Fue el citado Alba quien introdujo en la infantería española el mosquete, un arma más potente y con mejores resultados a la hora de atacar al enemigo a mayor distancia; por esa época los arcabuces y mosquetes españoles eran famosos, y los armeros extranjeros copiaban y falsificaban nuestras marcas de fabricación.

Casi desde el principio, las palabras *mosquete* y *arcabuz* se han empleado de un modo ambiguo y sin mucha precisión. En los tercios —y así lo recoge también el diccionario de la Real Academia—, la voz *mosquete* designa el arma de mayor alcance y más pesada, tanto es así que los mosqueteros no llevaban morrión, como los arcabuceros, sino sombrero. En los tercios llegó a haber tantos mosqueteros como arcabuceros.

El mosquete, por tanto, requería apoyo, ya fuera en el parapeto, si tiraba desde la muralla o la fortificación de campaña, o en la horquilla, si lo hacía en campo abierto. Con entre 16 y 22 mm de calibre, su proyectil tenía alcance hasta 400 m, pero el arma pesaba 8 kg, y cada bala, 50 g. Por eso, por lo general, cada mosquetero llevaba a su lado un escudero, elegido entre los chicuelos que acompañaban a los soldados al combate, para que portara la horquilla.

El tubo del mosquete era más resistente que el del arcabuz y soportaba cargas de pólvora mayores. Se probó a fabricarlos a base de estirar y enrollar una lámina de hierro, pero finalmente se optó por emplear listones de hierro soldados por forja. El extremo del tubo solía ser octogonal.

Como en el arcabuz, el mecanismo de fuego era una llave de serpentín con muelle.

La mecha, la pólvora y las balas

Los tercios usaban pólvora negra, una fina mezcla de carbón, azufre y salitre que se inflamaba rápidamente y que al arder producía más de setecientas veces su volumen en gases que provocaban un empuje muy considerable dentro del tubo del arma. La elaboración de la pólvora era un asunto arriesgado, porque los componentes entraban en ignición con el calor de la molienda, de modo que solo se molían dos a dos y mojados; el soldado instruido, plático (práctico, experimentado), debía saber cómo fabricarla y obtener salitre.

Como norma, la pólvora debía comprarla el soldado, pero en caso de asedio la obtenía sin muchas formalidades de los almacenes o polvorines de artillería, y entonces tiraba con pólvora del rey, con lo que su fuego era más alegre y despreocupado. La detonación de aquellas armas era estruendosa y desde luego superior a las actuales pólvoras sin humo. Además, los humos provocaban una densa niebla que ocultaba el campo de batalla.

La mecha era una cuerda de cáñamo o estopa; solo hacia la etapa final de los tercios empezaron a usarse las de algodón. Si estaba bien preparada, la mecha ardía despacio, a unos dos milímetros por minuto; para asegurar que no se apagara, se embebía en salitre, operación crítica porque un exceso de este componente aceleraba la velocidad.

Las balas eran macizas, esféricas y de plomo; las hacía el arcabucero fundiendo el que adquiría del furriel en planchas o ladrillos. Además de los mencionados doce apóstoles y el zurrón con balas, el soldado arcabucero o mosquetero llevaba baqueta —la varilla que servía para empujar, provista de un rascador para limpiar el interior del ánima—, que se guardaba embutida en el arma, debajo del tubo.

Las armas defensivas

Las piezas de armadura eran caras, pesaban en las marchas y restaban libertad de movimientos, por lo que no gustaban mucho a los combatientes de los tercios. Pero existían empleos en los que era inexcusable protegerse, y uno de ellos era el de alférez, cuya función principal era portar y tremolar la bandera, y que frecuentemente —no siempre, desde luego, como se verá— formaba en primera línea. Como el alférez difícilmente podía batirse con la pesada bandera en la mano, estaba acorazado para preservarse de cuchilladas y tiros, con una armadura que en lo que se refiere al tronco era completa, aunque sin protección en las piernas. La armadura de estos infantes consistía en el yelmo, compuesto de morrión, babera para protección del cuello y la mandíbula inferior, y visera para los ojos. El morrión era un casco en forma de media almendra para hacer resbalar los golpes; tenía en su interior un capacete de tres o cuatro correas cruzadas que apoyaban en la cabeza y daban ventilación al casco, y amortiguaban los golpes verticales. Unas alas casi horizontales contribuían a que estos impactos no llegaran al cogote, las orejas o a la cara. Debajo del yelmo, el alférez se protegía la garganta con la gola. El tronco se cubría con el coselete, coraza para el pecho que podía ser de una sola pieza si solo tapaba por delante o de dos si también seguía por la espalda. Los brazos se preservaban con guardabrazos o brazales y los codos con el codal y sobrecodal. El coselete se prolongaba un tanto debajo del talle, falda, para evitar que un golpe o una estocada que resbalase por el peto fuera a parar al vientre descubierto. Todas las piezas se sujetaban entre sí con correas y hebillas.

8

El combate de los tercios

Actuación de los arcabuceros en plena batalla (Turner).

La infantería, los hombres a pie, estaba amenazada no solo por los golpes y los tiros de la infantería enemiga, sino también por los de los combatientes montados a caballo y por las balas de la artillería contraria. La infantería suiza fue la primera en dotarse de largas lanzas, picas, para cubrirse de la caballería rival. Las picas presentaban una insalvable muralla de cuchillos dos metros y medio o tres por delante de la primera fila de infantes, con lo que lograron detener y destruir a la caballería medieval en Marignano. Su ejemplo fue imitado por la infantería española, que también se dotó de ellas, y además de armas de fuego para agredir a distancia, que en la época de los tercios eran el arcabuz y el mosquete. El Gran Capitán y sus sucesores organizaron a sus infantes para que tuvieran la máxima protección y sacaran el mayor partido de sus armas. La evolución natural de la infantería española llevó a los tercios, unidades que agrupaban las potencialidades ofensivas y defensivas de varias armas (picas, arcabuces, mosquetes, espadas y dagas) manejadas por combatientes a pie que se movían con ellas por cualquier terreno a la velocidad del caminante.

El combate de la infantería empezaba con tiros de mosquete a más de cien metros de distancia, seguía con el disparo de los arcabuces cuando la formación enemiga estaba ya muy cerca y continuaba después bajando las picas que sobresalían un par de metros de la formación. Llegado el caso, el piquero soltaba su arma y echaba mano de la espada y la daga para un tipo de enfrentamiento todavía más cercano.

Las formaciones

Desde tiempos remotos los hombres han buscado la protección mutua agrupándose unos con otros. La humanidad aprendió muy pronto que

Los tercios en cuadro dirigiéndose al asalto de Ruremonde, ciudad flamenca en la provincia de Limburgo, en la confluencia del Roer y el Mosa, y bastión importante de los orangistas rebeldes.

un poco de orden contribuye a la eficacia. Los combatientes que están inmediatamente enfrente del enemigo tienden a colocarse alineados, tanto para no estorbar al compañero de al lado como para no presentar los costados —los flancos en la terminología militar— al oponente. En previsión de las bajas de esta primera línea, se disponían otros combatientes detrás de cada uno de los anteriores, preparados para sustituirlos. Este es el origen y la razón de la falange macedónica, de la legión romana y, en general, de cualquier disposición ordenada de los soldados en formaciones. Los combatientes que se sitúan frente al enemigo unos junto a otros componen una fila; el espacio que cubren se denomina frente. Los que se colocan detrás se dice que están en hilera, y el espacio que cubren se llama fondo. Las formaciones de los tercios estaban concebidas para maximizar y hacer compatible la protección con la capacidad ofensiva de sus armas.

La primera preocupación del sargento mayor del tercio (o del sargento de la compañía), una vez conocidas las órdenes del superior, era escuadronar, es decir, averiguar cuántas hileras y filas tendría la formación que se le ordenaba. Los tercios formaban en cuadro de gente, cuadro de terreno, gran frente, prolongado, cúneo (cuña), rombo, caracola o cualquier otra modalidad de formación que indicase el maestre de campo. El cuadro de gente tenía tantas filas como columnas, que se calculaban con la raíz cuadrada del número de infantes. El cuadro de terreno, un cuadrado casi perfecto, con igual frente que fondo, requería un cálculo más complicado porque cada infante tenía más fondo que frente, pues estaba a un paso de sus compañeros de fila, pero a tres de los emplazados delante y detrás.

Un tercio podía tener cuarenta picas de frente; dos tercios que tuvieran pocas picas colocarían al frente, uno dieciséis y otro catorce piqueros, por ejemplo. Por lo general, los coseletes (los piqueros con coraza) formaban delante, en vanguardia; los mosqueteros y arcabuceros, en formaciones sueltas, llamadas mangas, a ambos costados y fuera de la formación; las picas secas (piqueros sin coraza) atrás, para cubrir bajas; y las banderas en el centro. Las formaciones de cualquier tipo eran muy fuertes contra la caballería y la infantería enemigas, pero muy vulnerables a la artillería. Por fortuna, en aquella época la artillería de campaña era tan lenta y engorrosa que no hacía muchos disparos durante el combate.

Cuando se preveía la necesidad de contar con más fuerzas que las de una sola compañía, se intentaba formar un escuadrón de entre mil y tres mil hombres que reuniese una mezcla equilibrada y flexible de las mejores cualidades de las distintas naciones: para la vanguardia, españoles; las mangas de mosqueteros, con valones; y en el cuadro lo ideal era poner a los alemanes, firmes en la adversidad.

El choque

El combate de las formaciones era simétrico, porque el enemigo se colocaba poco más o menos de la misma manera, y el número de hombres con que contaba (sus efectivos) era parecido. El choque comenzaba con cañonazos para abrir huecos en las formaciones enemigas, cuyas primeras filas veían perfectamente cómo venían los proyectiles. A continuación, atacaba la caballería, que se acercaba todo lo que le permitían las puntas de las picas para disparar sus pistolas, o bien trataba de colarse por los intervalos entre formaciones en busca de la retaguardia. Finalmente, las formaciones avanzaban una contra otra y cuando estaban muy cerca abrían fuego los arcabuceros. En ese momento, el campo de batalla quedaba cubierto por una niebla espesa provocada por el humo de los disparos.

Los enfrentamientos eran frontales hasta que las bajas debilitaban a uno de los dos bandos o cundía el pánico, momento en que el otro atacaría los flancos y la parte de atrás de la formación o retaguardia. La habilidad del mando estribaba en desordenar o romper (de ahí las palabras *rota* y *derrota*) las formaciones enemigas, y lograr que volvieran la espalda, momento en que dejaban de ser peligrosas como combatientes y se convertían en piezas de caza. El número de bajas durante el combate no era muy grande; las grandes matanzas tenían lugar durante la huida.

Escaramuzas, emboscadas y encamisadas

Además del combate en formación, los infantes de los tercios luchaban también, y eran muy diestros en ello, sueltos y fuera de formación, en lo que se llamaba *escaramuzar*; este combate nunca era decisivo, pero servía, por ejemplo, para engañar al enemigo y hacer que reaccionara equivocadamente.

En las emboscadas, una tropa se escondía para atacar por sorpresa a otra que estaba en movimiento, generalmente en su zaga o retaguardia o desde los flancos, donde la eficacia del asalto por sorpresa estaba asegurada. Una especialidad de los tercios españoles eran las encamisadas, ataques nocturnos en los que los soldados vestían la camisa por encima de las ropas exteriores para reconocerse entre sí.

Los tercios apuraban con osadía cualquier oportunidad de sorprender al enemigo. En 1577 los rebeldes habían puesto sitio a la plaza de Targoes, en la isla de Beveland. Cristóbal de Mondragón acudió en su socorro y, aprovechando la noche, en el más absoluto silencio, trasladó a tres mil soldados españoles, alemanes y valones a través de un brazo de mar de dieciocho kilómetros de largo, en una marcha que duró cinco horas, en el transcurso de las cuales cada hombre sostuvo encima de su cabeza el arma y un saquete con pan seco, bizcocho, pólvora y mecha.

Los asedios

Los depósitos de víveres, las contribuciones económicas y la posibilidad de dormir en cama estaban en las ciudades, que por esta misma razón se encontraban fortificadas. Las fortificaciones habían mejorado mucho con la «traza italiana», de murallas más bajas que los castillos medievales, y cuya planta tenía forma de polígono estrellado, con picos y entrantes que facilitaban el apoyo mutuo de los defensores. El sitiador tenía que impedir que los sitiados salieran de la plaza, y para ello hacía la contravalación. Con el fin de no ser atacado por la espalda, construía otro recinto exterior fortificado, la circunvalación, y se establecía entre ambos. Circunvalación y contravalación estaban formadas por zanjas (trincheras), taludes (parapetos), obstáculos de estacas aguzadas contra la caballería (estacadas) y baterías, fuertes pequeños y sobreelevados donde se situaba la artillería.

El asedio (o cerco) culminaba con el sitio; operación penosa para ambos bandos. Si la defensa no cedía y se rendía en una capitulación negociada, el ejército sitiador concentraba su artillería en un sector de muralla, para que sus soldados asaltasen por encima de los escombros y penetrasen por la brecha. También cabía intentar la entrada de noche, con escalas, escaleras de madera para subir a la muralla. El asalto era muy sangriento y los atacantes, si lograban conquistar la ciudad, normalmente tenían derecho a unos días de saqueo. En Breda los tercios casi se amotinaron cuando supieron que la ciudad, la plaza mejor fortificada de su tiempo, había capitulado, lo que les privaba de los beneficios de una práctica que habría compensado los siete meses de penuria del cerco. Spínola tuvo que remediar la situación con su propio pecunio.

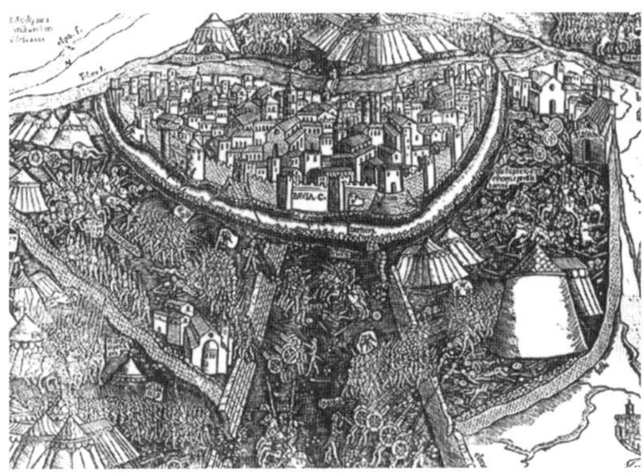

Asedio de la ciudad de Pavía, donde las armas imperiales destrozaron al ejército francés. Pueden verse las fortificaciones y contravalaciones para defender las posiciones e impedir los ataques de los sitiados.

Las marchas

Las formaciones de combate eran fuertes y seguras, pero con escasa movilidad y dificultades para adaptarse al terreno; cuando el tercio tenía que desplazarse procuraba marchar en formación, algo que era posible pocas veces, porque cualquier obstáculo la rompía. Lo ideal era marchar con el mayor frente posible, con las picas delante y al orden u ordenados, es decir, llevando el paso al compás del tambor y de los pífanos. La realidad era que, como mucho, se conseguía una disposición de cuatro en fondo, es decir, se marchaba en cuatro largas hileras. Los mandos preferían que el tercio marcara el paso (que pisaran todos a la vez con el mismo pie) porque ello hacía las columnas más cortas y, por tanto, menos vulnerables. Como queda dicho, al tercio seguía en sus desplazamientos una muchedumbre de mujeres y chiquillos a pie, en acémilas y carros, con la impedimenta de las compañías, las familias de los soldados, los vivanderos y las mujeres públicas.

9

Los tercios embarcados

Galeaza veneciana. El uso de este tipo de naves supuso un intento de adaptar la galera a los tiempos de la artillería embarcada.

La conservación del eje Filipinas-América-España da idea de la descomunal tarea que supuso defender un imperio global de tales dimensiones, con medios navales siempre limitados en relación con la magnitud del escenario geográfico. Los tercios embarcados combatieron en barcos y playas, y participaron en batallas navales, en ataques por sorpresa y desembarcos masivos en múltiples escenarios. De acuerdo con lo que se esperaba de ellos, actuaron en lugares tan dispares como Argelia, Marruecos, Libia, Chipre, Malta, el Adriático, Montenegro, Grecia, Argel, Túnez, Portugal, las islas Azores, Irlanda, Bretaña, Países Bajos, Inglaterra, Escocia, Brasil, Florida, Filipinas, el Caribe y la Guayana.

Las escuadras

Mientras existieron los tercios, e incluso un siglo después, la monarquía española fue una gran potencia naval con territorios en ambos hemisferios, lo que obligó a embarcar a algunos de ellos.

En 1537, poco después de la ordenanza de Génova, Carlos V dio vida oficial a la infantería embarcada al asignar de forma permanente algunas compañías, Compañías Viejas del Mar de Nápoles, a las escuadras de galeras del Mediterráneo: la escuadra que vigilaba el estrecho de Gibraltar; la que patrullaba el Tirreno y la de Nápoles y Sicilia, que protegía estos reinos. En el Atlántico, en lugar de galeras, buques inadecuados para ese océano, la flota contaba con galeones, grandes naves de alto bordo. También allí operaban tres escuadras: la Armada de la Mar Océana, que patrullaba el tramo final del viaje de los galeones desde América; la de la Carrera de Indias, que daba escolta a los convoyes en alta mar, y la de Barlovento.

Asimismo, una pequeña armada actuaba en la costa del Pacífico (el mar del Sur) hasta Chile y otra hacía el viaje anual a Filipinas. En Europa había además dos escuadras de galeones, una en el Cantábrico y otra en las costas de Flandes. Esta última había llegado a ser en tiempos muy poderosa, pero después de que, en 1572, los rebeldes se apoderaran del arsenal de Veere en Zelanda y se perdieran los puertos, las costas quedaron sin protección hasta que en 1583 se recobró Dunkerque. Más adelante volvió a crearse la Armadilla de Flandes que desempeñó bravamente su papel, aunque con algunos reveses muy graves, y siempre estuvo en inferioridad respecto a las flotas inglesa y holandesa: en 1574 no pudo hacerse a la mar, en 1596 fue totalmente hundida y en 1639 fue destruida en combate. Y aparte de estas escuadras, la corona expidió patentes de corso, aunque en menor medida que Francia, Inglaterra y Holanda, a fin de devolver los golpes de la piratería enemiga en las Indias, el Mediterráneo, el Cantábrico y el mar del Norte.

Los tercios embarcados

Durante el reinado de Carlos V los tercios solo se hicieron a la mar para operaciones concretas, pero tanto Felipe II como sus sucesores los mantuvieron embarcados durante largo tiempo —fue el caso de los de la Santa Liga— o incluso de forma permanente. A esa época pertenecen el Tercio Nuevo de la Mar de Nápoles, el de la Armada del Mar Océano, el de Galeras de Sicilia y el Tercio Viejo del Mar Océano y de Infantería Napolitana, que no cesaron de combatir durante los siglos XVI y XVII. A partir de 1704, la nueva ordenación militar los convirtió en los regimientos de Bajeles, Amada, Mar de Nápoles y Marina de Sicilia, parte de los cuales pasó al Ejército de Tierra, mientras el resto permaneció en la Armada con el nombre de Cuerpo de Batallones de Marina.

La vida a bordo

La vida a bordo era más dura aún que en tierra. En las galeras del Mediterráneo todo resultaba sumamente incómodo y era difícil. En este tipo de embarcaciones de vela y remo, largas y no muy anchas —existe una reproducción magnífica en las Reales Atarazanas de Barcelona—, de borda muy baja, los soldados vivían y dormían a la intemperie en el reducido espacio que dejaban los remeros, uno o dos por cada banda. Como las galeras tenían poca manga (anchura), quedaba poco más de un metro para los ranchos o bancos longitudinales del centro de la nave destinados a los soldados. Hacia la mitad de la embarcación, existía una zona para colocar los hornillos, en la que los pajes guisaban.

En los galeones había más espacio, y los soldados podían dormir bajo cubierta al socaire de las inclemencias, tendidos en los coys, una especie de hamacas de lona. Aunque el aire era infecto, el soldado quedaba protegido de las continuas mojaduras de las galeras.

El combate a bordo

La infantería embarcada asaltaba los barcos enemigos al abordaje o bien operaba en tierra, una vez desembarcada, como tercios ordinarios y bajo la autoridad de sus jefes naturales; en aquella época, el mando siempre correspondía al general de la fuerza, pues entonces se consideraba que el mando naval era solo el transporte de esta. El combate era distinto en el Mediterráneo que en el Atlántico: en el Mediterráneo, a bordo de galeras, se luchaba desde la proa, sobre las arrumbadas (una especie de tejadillo que cubría el espacio triangular de delante de la embarcación), donde se emplazaba la moyana, el cañoncito de proa. Se peleaba para poner el pie y conquistar la proa enemiga, normalmente con un frente de muy pocos combatientes, tal vez uno solo. En los galeones del Atlántico, el abordaje se hacía abarloando el barco, es decir, poniéndolo al costado, con lo que el enfrentamiento tenía las características de un asalto. Los objetivos eran los castillos de proa y popa, las partes sobreelevadas de la estructura del buque situadas en ambos extremos, así como el aparejo de mástiles, velas y cordajes. La táctica naval consistía sobre todo en colocarse a la distancia de llevar a cabo un combate de infantería.

Operaciones y desembarcos

Las actuaciones de los tercios embarcados destacaron en el Mediterráneo, en cuyas aguas se libró una lucha sin cuartel contra el poderío otomano y la piratería berberisca. Además de nutrir y reforzar las numerosas guarniciones de los presidios y fortalezas del norte de África, los tercios combatientes en el mar obtuvieron victorias tan importantes como el levantamiento del sitio de Malta en 1565, la batalla naval de Lepanto o la toma de La Goleta. También sufrieron derrotas sonadas, como las de Túnez (1574); Argel, en 1541 (con pérdida de ocho mil hombres y cien naves); el segundo desastre de los Gelves, en 1560, cuando los turcos de Dragut exterminaron a la fuerza de desembarco y su jefe, el maestre de campo Álvaro de Sande, fue hecho prisionero y enviado cautivo a Constantinopla, o Mohamedia, donde pereció la mayor parte del Tercio de Sicilia.

Durante la anexión de Portugal, el 30 de julio de 1580, el ejército del duque de Alba franqueó el estuario del Tajo desde la orilla izquierda para desalojar al ejército portugués, situado en la derecha, y avanzar directamente sobre Lisboa. En el desembarco intervinieron el Tercio de Nápoles y otro formado con compañías de los de Lombardía y Sicilia, a los que se añadieron tres tercios nuevos formados para la campaña y comandados por los maestres de campo Moreno, Niño y Enríquez.

Otra operación anfibia de gran envergadura se realizó contra la isla Tercera de las Azores (1583), precedida por un formidable combate naval en el que la escuadra de Álvaro de Bazán hundió una flota franco-portuguesa. En los barcos de Bazán iba el Tercio de Lope de Figueroa, llegado de Flandes, y los de Bobadilla, Iñiguez y Moreno, junto a cinco banderas de tercios viejos que mandaba Hernando de Toledo. En esta batalla se distinguió el capitán Rosado, del Tercio de Figueroa, que sobrevivió a dos arcabuzazos, uno de ellos en la cabeza, para morir más tarde en un desembarco fracasado tras haber combatido en tres continentes: Lepanto, Florida y las islas Querquenes en el golfo de Túnez. En el desembarco de Tercera participaron el Tercio de Figueroa, el de Bobadilla y el de Portugal, formado con tropas de los de Nápoles y Sicilia que habían quedado de guarnición en Nápoles y Oporto, más algunas banderas de bisoños reclutados en Andalucía. La Tercera se hallaba protegida por cuarenta y cuatro fuertes, con doscientas tres piezas de artillería y nueve mil soldados portugueses, ingleses y franceses, que capitularon tras una valerosa defensa.

En el vasto escenario atlántico-americano, la misión fundamental de los soldados embarcados era guarnecer los buques que protegían la comunicación entre España y las Indias, pero sin excluir ataques puntuales contra refugios de filibusteros y piratas, así como otras operaciones de mayor envergadura, como la de Menéndez de Avilés en 1565 para recuperar la Florida (temporalmente ocupada por los hugonotes franceses), o la de 1625 para expulsar de Bahía, Brasil, a los holandeses que se habían apoderado de esa ciudad.

Otras acciones de guerra

En el sitio de Malta los caballeros de la Orden de San Juan combatieron con enorme valor, apoyados por cuatro compañías del Tercio de Sicilia al mando de Melchor de Robles, su maestre de campo. Robles murió entre las ruinas del fuerte de San Miguel, igual que el alférez Mutañones o los capitanes Medrano, de la Cerda y Miranda. Miranda fue uno de los últimos defensores del fuerte de San Telmo, que en treinta días sufrió ocho asaltos generales y dieciocho mil impactos artilleros. Herido gravemente, se hizo llevar en una silla a la brecha, y allí peleó hasta perder la vida ante la avalancha jenízara.

Malta no se hubiera salvado de no ser por el socorro de una flota cristiana en la que iban embarcados los tercios de Nápoles, Córcega y Lombardía, mandados por Álvaro de Sande, Gonzalo de Bracamonte y Sancho de Londoño. Los turcos, desmoralizados al ver llegar el inesperado refuerzo, abandonaron la isla dejando en ella treinta mil muertos.

En Lepanto (1571), la mayor batalla naval librada hasta entonces en el Mediterráneo, combatieron en las galeras los tercios de Nápoles y Sicilia, y dos compañías del Tercio de Lombardía; y a esta fuerza se añadieron los tercios de Lope de Figueroa y Miguel de Moncada, que habían participado en la reciente guerra de las Alpujarras con don Juan de Austria.

El mar del Norte fue asimismo escenario de combates decisivos para la suerte de la guerra en Flandes, y los tercios, embarcados con frecuencia lejos de sus bases, tuvieron que enfrentarse a ingleses, franceses, holandeses y daneses. Hubo actuaciones corsarias muy eficaces desde Dunkerque, que entre 1627 y 1634 hundieron o capturaron más de dos mil trescientas naves enemigas.

La defensa de los convoyes

Gracias a la presencia de los tercios embarcados, contra lo que podría imaginarse y con los lógicos altibajos de una prolongadísima contienda, España era fuerte en el mar, mantuvo sus comunicaciones con Italia en el Mediterráneo, conservó los numerosos enclaves estratégicos en la costa del norte de África (lo que no era poca hazaña, dada la agresividad y el poderío naval de otomanos y berberiscos) y preservó siempre abiertas sus rutas marítimas con la América española y Filipinas.

Pese a los continuos ataques de los piratas contra poblaciones indefensas, sobre todo en el Caribe, las comunicaciones con las Indias funcionaron con regularidad durante más de tres siglos, y solo en dos ocasiones se perdieron las flotas anuales, la de 1628 a manos del holandés Heyne, cerca de Matanzas, Cuba, y la otra en 1656. El porcentaje de daños fue mínimo, teniendo en cuenta que entre 1540 y 1650 unos once mil buques hicieron el recorrido entre España y América, de los que se perdieron quinientos diecinueve, la mayor parte por temporales, y solo ciento siete por ataques enemigos, un 0,5 por ciento del total. Puede decirse que a la postre, y aunque con graves pérdidas, España ganó la batalla en el mar contra los corsarios franceses, ingleses y holandeses en América.

10

Los hechos más notables

Territorios italianos del Piamonte y el Milanesado por donde atravesó Carlos V con sus tropas.

Bicoca (1522)

Antes incluso de la creación de los tercios, un nuevo estilo de combatir se había consagrado en el norte de Italia en las batallas de Bicoca y Pavía. La superioridad de las armas de fuego individuales, en especial el arcabuz, quedó plenamente manifestada en la batalla de Bicoca, población italiana al oeste de Milán, donde en el sangriento combate de abril de 1522 los arcabuceros españoles destrozaron a los escuadrones de piqueros suizos, los llamados «esguízaros».

El ejército francés, al mando del general Lautrec, se dirigía a Monza para intentar cortar el camino de Suiza a las tropas hispano-alemanas de Carlos V. Contaba entre sus hombres quince mil mercenarios suizos equipados con largas picas, agrupados en dos enormes cuadros de gran profundidad. El jefe de los imperiales era el general Próspero Colona, con cuatro mil arcabuceros españoles como fuerza principal, que se colocaron apoyados por la artillería al lado de una carretera, detrás de un terraplén protegido por una empalizada.

Los esguízaros avanzaron contra el ejército imperial y, a pesar de sufrir muchas bajas, traspasaron la carretera y se lanzaron contra el talud, pero en la subida se deshicieron frente al fuego mortífero de los arcabuceros, que disparaban incansables en filas sucesivas. Los suizos se retiraron después de perder veintidós capitanes y tres mil piqueros, sin que los españoles tuvieran ninguna baja en la batalla. La infantería suiza cedió en Bicoca, ante la eficacia del arcabuz, aquella supremacía de la que había gozado desde cien años atrás en los campos de batalla europeos. La facilidad con que los españoles se alzaron con la victoria hizo que la palabra *bicoca* pasara a los vocabularios castellano y francés como sinónimo de *ganga*, 'cosa que se adquiere a bajo precio o con poco trabajo'.

Pavía (1525)

La infantería equipada con armas de fuego sería la dueña del campo de batalla durante siglos, hecho que quedó plenamente demostrado en la batalla de Pavía, el 24 de febrero de 1525. Unos meses antes, en octubre de 1524, el rey francés Francisco I había atravesado los Alpes al frente de un gran ejército para ocupar el Milanesado. Las fuerzas imperiales, en inferioridad de condiciones, se replegaron a Lodi, dejando en la ciudad fortificada de Pavía una guarnición de dos mil españoles y cinco mil alemanes al mando del navarro Antonio de Leyva, un veterano de las campañas del Gran Capitán, que se aprestó para resistir en esa plaza el asalto de los treinta y seis mil hombres del ejército francés.

La tenaz defensa de Leyva hizo posible que los imperiales recibieran refuerzos de Alemania y Austria. A mediados de enero de 1525, con un mal tiempo que dificultaba mucho los movimientos de las tropas, el ejército imperial acudió en socorro de los defensores de Pavía. Eran cuatro mil españoles, diez mil alemanes, tres mil italianos de infantería, más dos mil jinetes y dieciséis piezas de artillería, que se enfrentaban a un número similar de fuerzas, no solo francesas sino también suizas, italianas y alemanas, más cincuenta y tres cañones y un gran contingente de caballería pesada (acorazada).

El monarca francés, con sus tropas protegidas por una doble línea de fortificaciones (una rodeando la ciudad y otra haciendo frente a los imperiales), decidió esperar el ataque. Sabedor de que los imperiales andaban escasos de dinero y víveres, dio por hecho que los sitiados, hambrientos, se rendirán pronto. En esta tesitura, algunos aconsejaron retirarse a Milán al marqués de Pescara, jefe del ejército imperial, pero este decidió atacar después de arengar a sus hombres. «Hijos míos —dijo—, todo el poder del emperador no basta para darnos mañana un solo pan. El único sitio donde podemos encontrarlo en abundancia es en el campamento de los franceses».

La noche del 23 al 24 de febrero, Pescara envió varias compañías de soldados «encamisados» —con sus camisas blancas sobre las armaduras

El navarro Antonio de Leyva, veterano de las guerras de Italia, que mandaba la guarnición imperial de Pavía.

para poder reconocerse unos a otros en los combates nocturnos, tal como ha habido ocasión de explicar— con el fin de abrir brecha en los muros de las defensas francesas. Por ahí se lanzó el ejército de Pescara, que arremetió contra la línea enemiga en orden oblicuo, una táctica consistente en chocar con el rival no frontalmente sino en ángulo, lo que permite al atacante hacer presión sobre un único punto, evitando el envolvimiento y dejando al resto de la tropa adversaria alejada del lugar principal de la acción.

Convencido de su superioridad, Francisco I abandonó sus desbordadas posiciones defensivas y salió al encuentro de los imperiales al frente de su caballería pesada, con jinetes totalmente cubiertos de centelleantes armaduras sobre corceles prácticamente acorazados.

El brioso contraataque francés desbarató a la caballería imperial, y Francisco I dio por ganado el encuentro, pero, por desgracia para él, la batalla no había terminado. Pescara concentró en un bosque próximo mil quinientos arcabuceros que abrieron un fuego devastador sobre la caballería pesada gala, mientras pequeños destacamentos de infantería acometían a los jinetes caídos y los iban rematando sobre el terreno. En ese momento crítico, Antonio de Leyva salió de Pavía con cinco mil hombres y cayó sobre el flanco rival, arrollando a la infantería francesa e italiana. Leyva realizó esta salida a pesar de que estaba tan enfermo ese día que hubo de ser llevado al combate en silla de manos. Entretanto, la caballería imperial, bajo el mando de Lannoy y el condestable de Borbón, logró rehacerse y acabar con los restos de la francesa, mientras los lansquenetes imperiales se lanzaban contra la artillería del oponente, y el grueso de la infantería española cargaba contra los suizos, que, muy castigados por los tiros de la arcabucería, volvieron la espalda y emprendieron la fuga, algo insólito en una tropa famosa por su dureza y tenacidad. Pero los imperiales no les dieron tregua y se lanzaron en su persecución hasta las orillas del cercano río Tessino, donde muchos de los huidos perecieron. La derrota francesa fue aplastante. Más de diez mil muertos y tres mil suizos prisioneros, que fueron puestos en libertad a condición de no volver a combatir contra Carlos V. El rey Francisco I fue capturado después de que un arcabucero le matara el caballo, y sería trasladado cautivo a Madrid. Las pérdidas imperiales no superaron los quinientos hombres contando muertos y heridos, entre estos últimos, el propio marqués de Pescara.

El factor decisivo de esta batalla, que muchos consideran el verdadero bautismo de fuego del sistema táctico de los tercios, aunque oficialmente estos aún no hubieran sido creados, fue el arcabucero español. Rompiendo con las normas tradicionales del combate de la época, los arcabuceros actuaron con una movilidad y concentración de fuego sorprendentes en campo abierto y aniquilaron a la que entonces estaba considerada la mejor caballería, la francesa, y a la infantería más poderosa: los piqueros suizos.

La toma de La Goleta y Túnez (1535)

La lucha contra los turcos constituía la mayor preocupación de Carlos V. Tras haber ocupado la isla de Rodas y apoderarse de Hungría, los ejércitos otomanos estuvieron a punto de tomar Viena, salvada gracias a la oportuna llegada de refuerzos españoles. Decidido a asestar un duro golpe al poder turco en el Mediterráneo, el emperador emprende la campaña para conquistar Túnez, y con una gran escuadra desembarca en junio de 1535 con los tercios españoles en la antigua Cartago. Bajo un sol abrasador, los imperiales ponen cerco a la fortaleza de La Goleta, llave de la ciudad y del puerto de Túnez, que caerá el 14 de julio y, con ella, más de trescientos cañones, muchos procedentes de Francia, además de unas cuarenta galeras y numerosas naves pequeñas. Las primeras banderas que entraron en la fortaleza fueron las de los capitanes Hernando de Vargas y Alonso Carrillo. El ejército, dirigido por el propio Carlos V, que en ocasiones combatió como un soldado más, continuó avanzando hacia Túnez. En vanguardia iban los tercios (cuatro mil veteranos de Pavía y Nápoles), y en segunda línea, diez mil infantes recién reclutados al mando del duque de Alba. La marcha resultó terrible por el calor y la escasez de agua, y se produjeron muchas bajas por las continuas ofensivas del ejército turco que mandaba Barbarroja, jefe de la flota del sultán. El 21 de julio se asaltó la ciudad, y aprovechando la confusión consiguieron escapar cinco mil cautivos cristianos que cooperaron con el ejército atacante.

Los tercios entraron en la ciudad con el emperador al frente mientras Barbarroja salía huyendo. En La Goleta quedaron de guarnición cuatro compañías españolas, y otras cuatro en la cercana ciudad de Bona, al mando de don Bernardino de Mendoza. Carlos V —emocionado por el valor que sus soldados derrocharon en la campaña— premió sobre el mismo campo de batalla a los que más se habían distinguido.

El desastre de Argel (1541)

Seis años después, como la amenaza turca sobre Europa no cesaba, Carlos V trató de apoderarse también de Argel para poner freno a la piratería en el Mediterráneo. Los tercios volvieron a concentrarse en Mallorca y Menorca en 1541, pero esta vez la suerte les fue adversa. Durante la travesía desde Mahón hasta Argel se desató un intenso temporal que estuvo a punto de acabar con la flota. A duras penas los barcos consiguieron acercarse a tierra firme, no lejos de Argel, y desembarcar a los tercios, pero el gobernador de la ciudad, Hassan-Agá, mantuvo la defensa. El mal tiempo, con vientos y aguaceros furiosos, abatió las tiendas del improvisado campamento y desordenó la tropa, que tuvo que hacer frente en malas condiciones a varias salidas de los sitiados. El temporal, por otra parte, produjo graves daños a las naves que aguardaban cerca de la costa. En vista de la dramática situación, Carlos V ordenó la retirada, contra el consejo del anciano Hernán Cortés, el conquistador de México, que solo pedía un puñado de hombres para tomar la plaza, pero fue ignorado.

Más tarde, el Tercio de Sicilia tendría que acudir en socorro de Túnez, seriamente amenazado por los berberiscos. Rodeado por una gran masa de caballería musulmana, los infantes españoles pudieron imponerse gracias a la serenidad del maestre de campo Álvaro de Sande y las proezas de una mujer de la que nos ha llegado noticia, María de Montemar, que iba con el convoy de acémilas que acompañaba al tercio.

Los motines de Milán y Sicilia

Los virreyes de Milán y Sicilia afrontaron de muy distinto modo los motines de sus tercios respectivos, aunque en ambos casos con resultados terribles.

En Milán, el marqués del Vasto lo resolvió enviando al tercio rebelde a guarnecer Castelnuovo, un enclave cristiano en la costa montenegrina. En Sicilia, el virrey Ferrante Gonzaga ordenó el traslado a la isla de cuatro mil soldados procedentes de Túnez que estaban a punto de rebelarse, con la promesa de saldarles las pagas. Como el dinero no llegó, los amotinados eligieron jefe a un tal Heredia, antiguo monje predicador, y se hicieron prácticamente dueños de Sicilia. En vista de que era imposible reducirlos por las armas, Gonzaga les envió embajadas de paz con respetados capitanes, como Sancho Alarcón, Álvaro de Sande o Juan Varga. Por fin se llegó a un acuerdo que ambas partes sellaron en una misa, jurando sobre la hostia consagrada cuando el sacerdote la alzase sobre el altar. Al llegar el momento, Heredia y los suyos levantaron la mano derecha dispuestos a cumplir el compromiso, pero como vieron que Ferrante se mostraba reacio a hacer el gesto, uno de los rebeldes le increpó: «Señor virrey, alzad la mano ante el cuerpo de Dios que aquí veis. Si no la alzáis, nos apartamos del juramento, quebramos la paz y guerra en adelante».

Gonzaga tuvo que acceder y poner buena cara, pero enseguida iba a desquitarse con creces. Distribuyó a los amotinados entre las guarniciones, ahorcó a todos los jefes y a muchos soldados, y a otros los hizo arrojar al mar. La costa siciliana quedó orlada de cadáveres, y los que conservaron la vida fueron enviados a la isla de Lipari, donde la mayoría murieron de hambre, o a España para ser exhibidos en público con afrenta y vergüenza. Esta desmesurada represalia no cayó bien en el Consejo de Estado, donde se gestaban las decisiones del gobierno español, que inició un proceso contra Gonzaga.

El virrey solo evitó la condena porque Carlos V, que lo apreciaba por haberse distinguido en la toma de Túnez, ordenó sobreseer la causa. En toda España causó repulsa el espectáculo de la ignominia de aquellos desdichados soldados, y al virrey le llovieron los insultos.

Muchos opinaban que su crueldad no tenía sentido; habría sido mejor y más honroso diezmar a la tropa y mandar al resto a combatir en primera línea contra los turcos, tal como había hecho el marqués del Vasto con los amotinados en Milán, que fueron enviados a la costa dálmata, donde la mayoría pereció combatiendo, no sin acreditar antes su valor frente al enemigo y causarle muchas bajas.

Castelnuovo (1539)

Castelnuovo, actual Herzeg Novi (Montenegro), sobre el Adriático y no lejos de Dubrovnik, fue ocupada por los españoles en 1538, como secuela de la Santa Liga promovida por Carlos V contra los turcos, de la que formaban parte Venecia, el Papado y el Imperio. Venecia reclamaba la plaza, guarnecida por un tercio de tres mil españoles mandados por Francisco Sarmiento. Al deshacerse la Santa Liga, Castelnuovo quedó aislada, ya que los venecianos no hicieron nada por abastecerla. Barbarroja la atacó en el verano de 1539 con una gran flota de galeras y cincuenta mil hombres. Los turcos ofrecieron a la guarnición una rendición honrosa, pero los sitiados los desafiaron a «venir cuando quisiesen». Tras fracasar en los primeros asaltos, Barbarroja empleó a fondo su artillería, que terminó arrasando las defensas de la plaza. Los últimos seiscientos resistentes se batieron a espada contra el ejército otomano, y solo hubo doscientos supervivientes, que fueron hechos prisioneros. La gesta impresionó a toda Europa y el hecho heroico fue cantado por muchos poetas de aquel tiempo, aunque hoy día pocos españoles (amnésicos de su propia historia) lo recuerden.

Mühlberg (1547)

La guerra del emperador Carlos V contra la liga protestante de Smalkalda, que reunía a muchos príncipes alemanes, culminó en la batalla de Mühlberg (1547), resonante victoria para el bando católico imperial. Los protestantes de la Liga, mandados por el elector de Sajonia, Juan Federico, y el landgrave de Hesse, concentraron un ejército de ochenta y cinco mil infantes y jinetes, con ciento quince piezas de artillería. Integraban las tropas de Carlos V ocho mil veteranos de los tercios españoles, bajo la autoridad del duque de Alba, más dieciséis mil lansquenetes alemanes, diez mil infantes italianos y otros diez mil flamencos. A estos se añadían siete mil combatientes de caballería.

El ejército protestante estaba acampado en una orilla del Elba, en las proximidades de la villa de Mühlberg, y habiendo destruido los puentes que comunicaban con el otro lado del río se consideraba seguro, protegido por la caudalosa corriente. Pero no contó con la audacia de la infantería española. Amparados en la oscuridad y la bruma, la noche del 24 de abril, un pequeño grupo de arcabuceros españoles cruzó el Elba a nado y, con las espadas en la boca, consiguieron ganar la otra orilla y sorprender al enemigo. El cronista Fray Prudencio de Sandoval lo relata así:

> (...) súbitamente, se desnudaron diez arcabuceros españoles y se echaron al agua. Nadando, con las espadas entre los dientes, llegaron a dos tercios de las barcas que el enemigo se llevaba río abajo (...) y tirándoles al adversario desde la ribera, las ganaron, matando a los de dentro, y las trajeron.

Distribución de las tropas que combatieron en la batalla de Mühlberg (1547), que supuso un gran triunfo imperial.

Este golpe de mano hizo posible que un millar de infantes de los tercios pasaran en barca al otro lado y establecieran una cabeza de puente que se consolidó cuando cruzó el grueso de la fuerza imperial, que aniquiló al ejército de la Liga. Tras la batalla, el emperador hizo venir a su presencia a los primeros soldados que habían atravesado a nado el Elba y recompensó a cada uno de ellos con una vestimenta de terciopelo grana guarnecida de oro y plata y cien ducados.

San Quintín (1556)

En 1556, a poco de comenzar su reinado, Felipe II firmó con el rey de Francia la tregua de Vaucelles, que al romperse desencadenó una nueva guerra que tuvo como escenario el territorio francés fronterizo con Flandes. Manuel Filiberto, duque de Saboya, apodado «Cabeza de Hierro», fue nombrado jefe del ejército hispano, reforzado por diez mil ingleses mandados por lord Pembroke, a instancias de Felipe II, que en ese momento era también rey consorte de Inglaterra por su matrimonio con María Tudor. El de Saboya tomó la iniciativa, invadió Picardía y puso cerco a la plaza de San Quintín, en la parte francesa de la frontera con Flandes, una ciudad estratégicamente valiosa cuya posesión aseguraba el camino hacia París.

Antes de emprender la operación de cerco, las fuerzas españolas lanzaron con éxito una maniobra de diversión en Marienburg, con el fin de atraer allí a los franceses, y enseguida cayeron sobre San Quintín, donde, sin embargo, el almirante Coligny, gobernador de Picardía, consiguió introducir refuerzos mientras la plaza esperaba aún más ayuda del condestable Montmorency. Este acudió a socorrerla con un ejército de veintiocho mil soldados, que incluía tropas alemanas y tres mil jinetes, casi todos príncipes, condes, barones, grandes señores y gentilhombres.

El duque de Saboya salió al encuentro de Montmorency y chocaron ambas caballerías, pero la hispana, mandada por el conde de Egmont, llevó la mejor parte al embestir de flanco a la infantería francesa, mal desplegada, y obtuvo una victoria completa el 10 de agosto de 1557, festividad de san Lorenzo. De haberse prolongado la persecución a los vencidos, habría perecido todo el ejército francés, pero Filiberto de Saboya frenó a su caballería. Aun así, dos terceras partes de la infantería enemiga y más de la mitad de la caballería quedaron aniquiladas. Se cuenta que cuando Carlos V, que estaba retirado en el monasterio de Yuste, se enteró de la noticia, exclamó: «¡Ya está mi hijo el rey en París!». Se equivocaba, porque el «rey prudente», que llegó al lugar de la batalla cuatro días después, no quiso explotar la victoria avanzando hacia la capital francesa. Una decisión que la mayoría de sus capitanes criticó.

Gravelinas (1558)

La batalla de Gravelinas tuvo lugar el 13 de julio de 1558 en las proximidades de la localidad del mismo nombre, y marcó el final de una larga guerra entre España y Francia, que duró desde 1547 a 1559. Los franceses —al mando del duque de Guisa— habían tomado la cercana Calais y avanzaron hacia la plaza de Thionville, punto estratégico en la frontera de Flandes y Francia, de la que se apoderaron el 22 de junio de 1558. Mientras, desde Calais, el mariscal de Thermes, con doce mil infantes, dos mil jinetes y artillería considerable, avanzó hasta el río Aa, que desemboca en el canal de la Mancha. Tras cruzarlo, conquistó Dunkerque y Nieuport y, ya de regreso en Calais, fue informado de que un ejército español mandado por el conde de Egmont se aproximaba para cortarle la retirada. El combate se

El conde de Egmont, protagonista principal de la batalla de Gravelinas.

hizo inevitable y Thermes desplegó su fuerza sobre la orilla izquierda del Aa, con el mar a su derecha, dejando el otro flanco protegido por una doble hilera de los carros del bagaje, con la caballería y la artillería que cubría a la masa de infantes.

Egmont, que había dejado atrás su artillería para alcanzar al enemigo, situó sus fuerzas en una especie de media luna, con la caballería ligera a los flancos, y en el centro la infantería de los tercios españoles con unidades alemanas y flamencas. Ambas caballerías entablaron un combate que se mostró indeciso hasta que varias unidades de arcabuceros españoles saltaron sobre los carros que protegían el flanco francés y, con sus disparos, provocaron gran desorden en las filas enemigas. Egmont, entonces, lanzó sus escuadrones de caballería sobre el centro francés; la batalla alcanzó su apogeo cuando una escuadra española, según algunos autores, o inglesa, según otros, comenzó a descargar sus cañones sobre la retaguardia gala y terminó dando la victoria a las tropas hispanas. El mariscal Thermes fue capturado herido, y solo mil quinientos franceses lograron huir. El resto cayó muerto o prisionero.

La disolución del Tercio de Cerdeña (1568)

El Tercio de Cerdeña era uno de los más antiguos entre los tercios viejos, pues databa de 1536. Había llegado a Flandes con las tropas del duque de Alba. Durante la invasión de Frisia, el ejército del rey Felipe II fue derrotado cerca de Heiligerlee y, cuando los combatientes que habían sobrevivido buscaron refugio en las aldeas, los campesinos los entregaron a los rebeldes o directamente les dieron muerte. Poco después, cuando el tercio recuperó Heiligerlee, los enfurecidos soldados prendieron fuego a los pueblos donde habían asesinado a sus camaradas, sin que ningún capitán moviera un dedo para reprimir la venganza. El duque de Alba, al ver el humo, envió al lugar al barrachel (jefe de policía militar del ejército) para que ejecutara a los incendiarios, y dos días después ordenó disolver el tercio frente a todo el ejército. Los alféreces rasgaron las banderas y rompieron las astas, los capitanes quemaron sus bandas y los sargentos sus partesanas, mientras muchos de los soldados lloraban de vergüenza al contemplar la ceremonia que ponía fin a una unidad distinguida en mil combates.

Gemmingen (1568)

En 1568 se produjo en Gemmingen, junto al río Ems, la primera batalla en campo abierto entre el duque de Alba y los protestantes holandeses. Luis de Nassau, jefe de las tropas rebeldes, se encontraba en una posición muy favorable, protegida por canales, y su ejército, superior en número al español (doce mil hombres), se había hecho fuerte en las cercanías de Gemmingen. Para entorpecer el avance enemigo, los holandeses abrieron las esclusas e inundaron el terreno, pero las tropas hispanas siguieron avanzando entre el barro y, en algunos tramos, con el agua hasta las rodillas. Su objetivo era cruzar un importante puente sobre una de las esclusas, que había sido ocupado por tres capitanes españoles (Marcos de Toledo, Diego Enríquez y Hernando de Añasco) con un pequeño grupo de piqueros y arcabuceros.

Cuatro mil hombres envió Luis de Nassau para recuperar el citado puente en una feroz lucha, pero el destacamento español resistió hasta que llegaron refuerzos enviados por el duque de Alba. Juan de Londoño, con el Tercio de Lombardía, y Julián Romero, con el de Sicilia, se lanzaron entonces tras el enemigo rechazado, hasta alcanzar las primeras líneas del grueso de su ejército. En esa posición, los tercios fueron obligados a detenerse por el intenso fuego de la artillería rebelde y pidieron refuerzos al duque de Alba, que rehusó ayudarlos y consintió en dejarlos como «cebo» para provocar que Luis de Nassau abandonara su formidable ubicación y atacase. El ejército holandés, compuesto en su mayor parte de mercenarios alemanes, creyendo fácil batir a los tercios de Londoño y Romero, cayó en la trampa y adelantó sus líneas. Los tercios esperaron con serenidad el avance enemigo, al que pronto detuvo el fuego de los arcabuceros, que luego cargaron con mucho ímpetu sobre la artillería y las posiciones fortificadas holandesas. Tras el asalto (en el que se distinguió el capitán Lope de Figueroa, que más tarde sería jefe del tercio de Cervantes en Lepanto), los de Nassau emprendieron la huida y la persecución duró un día entero. El resultado fue una carnicería. Los españoles contaron más de seis mil enemigos muertos, muchos ahogados en los canales o el río Ems. El propio Luis de Nassau tuvo que escapar disfrazado y a nado.

Lepanto (1571)

La batalla de Lepanto tuvo lugar el 7 de octubre de 1571, entre una flota turca de casi trescientas naves al mando de Alí Bajá y la armada cristiana de la Santa Liga, compuesta de setenta galeras españolas, nueve de Malta, doce del Papado y ciento cuarenta de Venecia, estas últimas comandadas por los almirantes Sebastián Veniero y Barbarigo.

El escenario del enfrentamiento se sitúa en la entrada del golfo griego de Patras, cerrado por las islas de Cefalonia, Itaca y Zante, entre la península de Morea y Etolia. El bando cristiano sumaba unos treinta mil combatientes, de los que veinte mil eran españoles, en su mayor parte infantería de los tercios de Lope de Figueroa, Pedro de Padilla, Diego Enríquez y Miguel Moncada. Don Juan de Austria, el hermano de Felipe II, ejercía el mando supremo de la flota, apoyado por jefes experimentados como Juan de Cardona, Álvaro de Bazán, Luis de Requesens, el genovés Andrea Doria y los dos almirantes venecianos mencionados.

La batalla, en realidad, fue un choque frontal de infanterías embarcadas. El centro de ambas escuadras se enzarzó en una confusa pelea que duró varias horas y en la que se combatió sin descanso cuerpo a cuerpo. La galera de don Juan de Austria se lanzó al abordaje contra la de Alí Bajá. Por dos veces fueron rechazados los españoles del puente de la galera real capitana turca, pero al tercer intento consiguieron abordarla y aniquilar a los jenízaros que la defendían. Herido Alí Bajá de un arcabuzazo, un galeote cristiano le cortó la cabeza con un hacha. A partir de ahí, los turcos se desmoronaron y arreció el ataque de las naves de la Liga contra la flota otomana, que terminó dispersa y en fuga. Se cuenta que un soldado llevó la cabeza del almirante turco a Juan de Austria, que al verla exclamó: «¿Qué queréis que haga yo con ella?», y ordenó tirarla al mar. Solo cincuenta naves de la flota turca lograron escapar.

En la batalla resultaron decisivos los arcabuceros españoles, cuyos disparos sembraron de muertos las cubiertas turcas. Como soldado en la galera Marquesa iba Miguel de Cervantes, que combatió con gran valor.

Enfermo, pidió ser enviado al puesto de más peligro de la nave, y continuó luchando después de recibir una herida en el pecho y otra en el brazo izquierdo que le dejaría manco.

El motín de Haarlem y la batalla de Mock (1573-1574)

El primer motín de los tercios españoles de Flandes se produjo en julio de 1573, poco después de la toma de la ciudad de Haarlem, cuando los soldados llevaban más de dos años sin cobrar. En el asedio de la plaza, los infantes habían tenido muchos muertos y sufrido toda clase de privaciones en el crudo invierno holandés. El mismo Julián Romero, legendario maestre de campo de los tercios viejos, perdió un ojo de un arcabuzazo disparado desde las murallas de la ciudad. El gran número de bajas hizo pensar a Fadrique de Toledo, hijo del duque de Alba, en la inutilidad de proseguir el sitio, pero cuando su padre se enteró le envió un mensaje en el que le advertía de que, si alzaba el campo sin rendir la plaza, no le tendría por hijo; que, si moría en el asedio, él iría en persona a reemplazarle, aunque estaba enfermo y en cama, y que, si faltaban los dos, iría de España su madre a hacer en la guerra lo que no había tenido valor o paciencia para hacer su hijo.

Los sitiados se rindieron sin condiciones tras un fracasado intento de socorro del príncipe de Orange. El duque de Alba ordenó a su hijo pasar por las armas a unos dos mil quinientos defensores valones, franceses e ingleses, y ahorcó a varios burgueses principales de la ciudad. Cuatro mil hombres de los tercios murieron en el asedio, por unos trece mil calvinistas, y a los quince días de entrar en Haarlem se produjo la sublevación de los españoles. Tras un terrible cerco de siete meses, la tropa se sintió frustrada al enterarse de que la ciudad había evitado el pillaje con el pago de doscientos cuarenta mil florines de los que nada llegó a los soldados. No ha de olvidarse que, al inicio del sitio, se les debían veinte pagas. Los soldados se amotinaron durante dieciocho días: el de Alba y su hijo tuvieron que transigir y abonarles treinta escudos. Pero ni el bilioso duque ni su hijo Fadrique encajaron bien la indisciplina y, a pesar de lo pactado, colgaron a los cabecillas del motín y se negaron a pagar los atrasos a los enfermos y heridos. Al tercio lo enviaron a conquistar las ciudades de Alkmaar

El afamado jefe de la infantería española Sancho Dávila que dirigió los tercios victoriosos en Mock.

y Leyden, empeños imposibles que, no obstante, consiguió, y a combatir a Luis de Nassau, que entretanto había invadido las provincias leales y marchaba a unirse con Guillermo de Orange.

Entonces, con Sancho Dávila al frente, los tercios caminaron a marchas forzadas para impedir la unión de esas fuerzas. Una vez cruzado el Mosa, se toparon de repente con la vanguardia enemiga y los dos ejércitos entablaron batalla el 14 de abril de 1574 en Mock. El encuentro se saldó con un gran triunfo de las tropas reales, y de nuevo la arcabucería española hizo estragos, si bien la victoria se malogró en parte porque los tercios se amotinaron. Los rebeldes dejaron tres mil muertos en el campo antes de emprender la retirada, mientras, según el relato de Bernardino de Mendoza,

> de nuestra parte los muertos que hubo fueron diez españoles infantes y otros tantos valones, y heridos más de cien españoles y algunos valones (...) Nuestro campo se alojó aquella noche en el lugar donde se rompió el enemigo, y allí se amotinaron todos los españoles, cuya costumbre es diferente de las demás naciones, que piden sus pagas a los generales antes de pelear y al tiempo de venir a las manos con los enemigos, y los españoles después de haberlo hecho y combatido; lo cual hicieron en esta sazón.

El motín de Amberes (1574)

Los soldados amotinados en Mock se dirigieron a Amberes para exigir sus pagas al gobernador Requesens. Entraron sin resistencia, pero no pudieron hacerse con el castillo de la ciudad, defendido por el alférez Francisco de Salvatierra, quien apuñaló y arrojó al foso al sargento mayor y al jefe electo de los revoltosos cuando pretendían ocuparlo. Finalmente, el gobernador consiguió apaciguar los ánimos: los ciudadanos de Amberes, para evitar un posible saqueo, les entregaron paños y otras telas de valor equivalentes a seis pagas, con lo cual los dejaron satisfechos. Para Requesens, este motín, y otros dos más que se produjeron entre 1573-1574, fueron como si, por alguna razón secreta, Dios hubiera deseado castigarlo cuando tenía al alcance la victoria final; así lo escribe en una carta:

> (...) tras cada buen suceso han venido los motines (...) Pienso que Dios por mis pecados me ha querido mostrar aquí tantas veces la tierra de promisión, como a Moisés, pero que ha de ser otro el Josué que ha de entrar en ella.

La premonición del gobernador general se cumplió pronto. Luis de Requesens moriría de peste en Bruselas el 5 de marzo de 1576. La rapidez con que la enfermedad acabó con su vida imposibilitó dejar en orden su sucesión en el gobierno, de modo que el ejército de los Países Bajos iba a quedar al mando del conde Mansfeld, general veterano pero bastante mediocre.

Zierickzee (1576)

En marzo de 1575, Felipe II, como resultado de su lamentable situación financiera, inició conversaciones de paz en Breda con los rebeldes, pero hubo de interrumpirlas tres meses después porque, aunque el rey estaba dispuesto a aceptar la retirada de las tropas españolas de Flandes, ninguna de las dos partes hizo concesiones en materia religiosa. Fracasada la negociación, Requesens lanzó una nueva ofensiva contra las provincias rebeldes, con la intención de conquistar algún puerto en Zelanda donde pudieran llegar barcos de España. Se fijó como principal objetivo Zierickzee, en la isla de Schouwen, en la orilla izquierda del Escalda, que contaba con dos buenos puertos. Desde 1572 los rebeldes se habían hecho fuertes en la villa de Zierickzee. En el asalto al principal fortín de la isla, Bommenze, que encabezó Sancho Dávila, se distinguió un mosquetero español llamado Toledo que, dejando su arma, embrazó una rodela y se lanzó desde la muralla entre la masa de enemigos. Lo siguieron los demás soldados, que culminaron el sitio tras una pelea de más de seis horas, «al cabo de las cuales —dice Mendoza— ganaron el fuerte, pasando al filo de la espada cuantos había en él, si bien fue con daño de nuestra parte, muriendo en la facción como cien soldados sin los heridos, que no fueron pocos».

La tenacidad de los tercios en el asedio de Zierickzee dio sus frutos, aunque los holandeses destruyeron los diques cercanos y anegaron la zona. Pese a los intentos de Guillermo de Orange por romper el bloqueo, la guarnición de la ciudad terminó por rendirse y hubo de pagar doscientos mil florines antes de marchar.

El motín de Aalst y el saco de Amberes (1576)

Pero otra vez el motín hizo presa en las filas de los españoles. Los disconformes se dirigieron a Brabante y se hicieron fuertes en Alost, en flamenco Aalst, una ciudad cercana a Bruselas donde luego parlamentaron, sin llegar a ningún acuerdo sobre las condiciones para su vuelta a la disciplina. En esta situación llegaron noticias de que las tropas calvinistas rebeldes, que sumaban casi veinte mil hombres, habían entrado en Amberes y puesto sitio al castillo que protegía la ciudad, en el que había una guarnición española. Al conocer que sus compatriotas estaban en peligro, los contumaces amotinados de Alost se juramentaron para «socorrer el castillo y ganar la villa o perder las vidas sobre ello».

Acudieron a combatir tras un estandarte que en una de sus caras exhibía un crucifijo y en la otra, la imagen de la Virgen, ya que no quisieron hacerlo bajo las banderas reales por no haber visto satisfechas sus demandas. El cronista P. Cornejo dice que los amotinados, «impetrando el divino favor y ayuda, y el socorro de la gloriosa Virgen María, cuyo nombre, y del patrón Santiago apellidando [gritando] arremetieron corriendo a toda furia a las trincheras». Los de Alost, unos mil seiscientos hombres, marcharon sobre Amberes con los morriones coronados con hojas de encina en señal de victoria, y una vez entrados en la ciudadela, reunidos con otros seiscientos infantes españoles que habían venido con Julián Romero y Alonso de Vargas a reforzar a los sitiados, se negaron a descansar hasta haber tomado toda la ciudad, que estaba defendida por cuatro mil alemanes, cuatro mil valones y catorce mil hombres de la milicia urbana parapetados detrás de una trinchera de unos cinco metros de alto.

A pesar de la inferioridad numérica, los españoles obligaron a los rebeldes a retirarse y prendieron fuego al ayuntamiento, desde donde los hostigaban los mosqueteros enemigos. El incendio se extendió a las casas vecinas, en el centro de la ciudad, y lo que siguió fue un saqueo de proporciones dantescas, que duró varios días y en el que murieron miles de civiles. Sus consecuencias fueron muy negativas en el terreno de la propaganda y en el de los hechos, ya que tanto «el saco de Amberes» como la «furia española» provocaron una generalizada repulsa. Los Estados Generales de Flandes se unieron a Holanda y Zelanda, y se acordó una alianza entre católicos y protestantes conocida como Pacificación de Gante.

Asedio y toma de Amberes (1584-1585)

Uno de los episodios más brillantes de los tercios en Flandes fue el asedio y toma de Amberes, que en 1584 constituía el principal bastión de los rebeldes en la costa flamenca. La captura supuso un alarde de ingeniería, valor y despliegue táctico, como refleja el comentario del cronista Faminiano Estrada:

> Nunca con más pesadas moles fueron enfrentados los ríos, ni los ingenios se armaron con más pesadas invenciones, ni se peleó con gente de guerra que en más repetidos asaltos hiciese más provisión de destreza y coraje.

El asedio comenzó a fines de 1584, después de una serie ininterrumpida de victorias del ejército que ahora mandaba Alejandro Farnesio, duque de Parma. En dos años los tercios se apoderaron de Dunkerque, Yprés, Brujas, Alost, Nieuport y otras ciudades estratégicas, en una ofensiva que pudo haber acabado con la guerra.

El esfuerzo fundamental corrió a cargo de los tercios que mandaba Farnesio y culminó una empresa de enorme dificultad, ya que la ciudad (que tenía cien mil habitantes y era la más próspera del norte de Europa) parecía inexpugnable. Situada en el estuario del río Escalda, que le servía de protección y vía de socorro, Amberes estaba rodeada de un cinturón de fortines (que hubo que tomar uno a uno pagando un alto precio en sangre), y de una muralla con diez poderosos baluartes circundada de un ancho foso

Los tercios de Gembloux. Grabado de Hogenberg.

inundado. Con el fin de salvar la corriente del Escalda, Farnesio adoptó la audaz decisión de construir un puente y levantar nuevas fortificaciones para defenderlo. Una obra de ingeniería militar comparable al puente que Julio Cesar levantó sobre el Rin, aunque la longitud de este era solo la mitad del que hicieron los soldados de Farnesio, que medía unos ochocientos cincuenta metros, con una anchura de cuatro. En los preparativos del asalto cayó muerto de un disparo en la frente el maestre de campo Pedro de Paz (al que sus hombres llamaban Pedro de Pan, por la bondad que les demostraba). El historiador militar Giménez Martín cuenta que fue tal la rabia de los españoles por esta pérdida que no les sirvió de nada a los de Terramunda romper un dique para inundar el campo de los sitiadores. Los hombres del Tercio de Paz cargaron a hombros los cañones con el agua hasta el pecho y lograron instalarlos y batir los muros.

Para construir el puente, que uniría las provincias de Flandes y Brabante, se colocaron postes verticales anclados en el lecho del río y se unieron después con vigas transversales para sujetar los tablones del piso. En cada extremo se levantaron dos fortines, pero quedó un espacio de unos seiscientos metros que hubo de llenarse con dos líneas de treinta y tres barcos, unidos entre sí con maromas, cadenas y vigas. La protección del conjunto se incrementó con noventa y siete piezas de artillería y sendas líneas, a cada lado del puente, de treinta y tres barcazas, agrupadas de tres en tres. Tras siete meses, la obra fue completada con éxito: en febrero de 1585 el paso por el Escalda quedo cortado, lo que dejaba a Amberes sin posibilidad de ayuda del exterior por vía fluvial.

El cerco se fue estrechando, y la única esperanza de los sitiados se centró en una armada enviada desde Zelanda al mando de Justino de Nassau, hijo bastardo de Guillermo de Orange. Con ella, los rebeldes proyectaban abastecer la ciudad por mar, contando para la ruptura del puente sobre el Escalda con unos gigantescos navíos especiales ideados por Federico Giambelli, un talentoso ingeniero italiano que se consideraba desairado por España y había ofrecido sus servicios a los rebeldes. Los barcos de Giambelli tenían en su centro una especie de torreta hecha con piedras y ladrillos en cuyo interior habían echado, a guisa de metralla, pólvora, clavos, trozos de cadena, objetos metálicos, lápidas y hasta ruedas de molino. Estas enormes minas, recubiertas de tablones y pez para preservarlas de la humedad, se cerraban con grapas de hierro y se hacían estallar con largas mechas, para dar tiempo a alejarse de la explosión a los hombres que empujaban las embarcaciones hacia el enemigo. Los barcos-mina cumplieron su cometido. Segaron la vida de varios centenares de hombres y causaron daños importantes al puente, que con dificultad pudo ser reparado, pero los sitiadores levantaron un contradique cuya defensa se encomendó al coronel Mondragón, quien consiguió rechazar un ataque simultáneo de la armada zelandesa de Nassau y barcos procedentes de Amberes.

En una última salida, los rebeldes atacaron con ciento sesenta barcos el contradique y consiguieron arrollar algunos puestos avanzados y fortines, pero la operación fracasó por el refuerzo de un tercio de españoles e italianos que resistió hasta que el duque de Parma pudo enviar más tropas en apoyo de la posición.

Cuando acabó la batalla, tras un cuerpo a cuerpo que duró ocho horas, los soldados de Farnesio se habían apoderado de veinticinco navíos grandes y sesenta y cinco cañones; habían caído en la refriega tres mil rebeldes, por unos mil del bando católico, casi la mitad españoles. Los tercios hicieron su entrada triunfal en la ciudad en agosto de 1585. Una comitiva, al decir del cronista Estrada, «de infantes y caballos, vistosos a la verdad, no tanto por la gala de vestidos y armas como —por ser todos veteranos y escogidos— por el mismo aspecto marcial y militar ferocidad». Felipe II recibió con gran alegría la noticia de la conquista de Amberes y premió a Farnesio con el Toisón de Oro por su fidelidad y valor. En cuanto a los tercios, las celebraciones por la victoria organizadas por los habitantes duraron tres días y culminaron con un descomunal banquete en vajillas de oro y plata sobre el puente del Escalda, en cuya defensa tantos de sus camaradas habían muerto. Las mesas repletas de bebida y viandas se extendían de orilla a orilla del río. Luego, Alejandro Farnesio dio otra comida en honor a los veteranos de los tercios que habían ganado la plaza, en la que él mismo y muchos de sus oficiales hicieron de camareros. En septiembre, un mes después de caer Amberes, los soldados italianos y españoles de los tercios recibieron sus pagas atrasadas, que en algunos casos habían estado esperando más de tres años.

El milagro de Empel (1585)

Tras la toma de Amberes, Farnesio licenció al ejército y mandó los tercios a la isla de Bommel. El general rebelde Holac vio la oportunidad de exterminarlos, hizo romper los diques e inundó la isla. Los españoles volvieron en barcazas a la orilla sur, pero allí los campos también estaban anegados. Cuatro mil hombres sin comida ni leña se apiñaban en el dique de Empel, aislados por aguas profundas. Holac metió su flota entre el dique y la ciudad de Hertogenbosch. El día 7 de diciembre la situación era desesperada y el maestre Bobadilla exhortó a todos a rezar. Los capitanes le propusieron darse muerte unos a otros para no caer a manos del enemigo, cuando un soldado español que cavaba una fosa encontró una tabla de la Virgen, lo que levantó la moral, pues era la víspera de la Inmaculada. Entonces empezó a soplar un viento del nordeste que heló las aguas, y Holac, temiendo verse inmovilizado por el hielo, tuvo que sacar la flota al río. Esa noche Cristóbal Lechuga atacó sobre el hielo. Al día siguiente mejoró el tiempo y los españoles pudieron volver en las barcazas a Hertogenbosch. Había sido el momento más crítico de los tercios, y el suceso dio origen al patronazgo de la Inmaculada sobre la infantería española.

La Gran Armada (1588)

La gran expedición enviada por Felipe II para la conquista de Inglaterra, llamada irónicamente por los ingleses Armada Invencible, era una acción en la que los tercios hubieran debido desempeñar un papel decisivo, ya que el objetivo de toda la fuerza naval era facilitar el desembarco de la infantería en las playas inglesas. Aunque —como es bien sabido— la operación no tuvo éxito, los tercios marcharon a los puntos de embarque, lo que exigió un gran despliegue logístico que evidenció la alta preparación y el ánimo de aquellas unidades, cuya victoria, en caso de haber podido poner pie en suelo británico, se daba por segura.

A partir de agosto de 1587 la infantería española acudió desde diferentes puntos de Europa a los puertos de concentración para el embarque en la flota que con tan escaso acierto dirigió el duque de Medina Sidonia, sustituto a última hora del gran almirante Álvaro de Bazán, por fallecimiento de este. Poco a poco, el despliegue de los tercios alcanzó los puntos pre-

Felipe II en tiempos de la Armada Invencible.

vistos. En Yprés y Nieuport se colocó el Tercio de Juan de Águila; en Dunkerque, el de Cristóbal Mondragón, y a estos, en otros lugares próximos a la costa, en espera de la Armada, fondeada en Calais, se unieron los de Francisco de Bobadilla y Luis Queralt, compuesto por compañías catalanas. Los cuatro, acantonados en los alrededores de Dixmunda, tenían Dunkerque como punto de embarque. Allí recibieron la noticia de que los barcos hispanos habían sufrido un revés frente a los ingleses en Calais y pasaban dispersos de largo ante el temor de encallar por el mal tiempo en los bancos costeros. La ocasión se había perdido y la fuerza de desembarco de Alejandro Farnesio (unos treinta y cinco mil hombres), que incluía también un tercio de irlandeses, dos de italianos, doce regimientos de borgoñones, valones y alemanes, más un cuerpo de caballería de mil jinetes, se quedó en la costa sin poder cumplir su misión. La empresa se malogró y la infantería, con disciplina y la frustración a cuestas, volvió a sus puntos de partida, mientras la Armada continuaba su inútil y desastrosa navegación alrededor de las Islas Británicas.

Sobre las causas del fracaso de la expedición, el cronista Faminiano Estrada, da su parecer con estas palabras:

> (...) me suele parecer que su desgracia no se ha de imputar a una causa sola. Mucho la ayudó el haberse gastado tres años en aprestar la Armada por la natural tardanza de la nación [española]; dándoselos a los ingleses (...) Fuera de esto, cuanto desde el principio se había pecado en la dilación, tanto se pecó después en la prisa haciendo la guerra a los enemigos, antes de tener prevenida alguna acogida para caso de tempestad a los que la hacían.

Esta advertencia ya había sido hecha antes por el propio Alejandro Farnesio, quien, en carta dirigida al rey, tal como cuenta el mencionado Estrada, había expuesto que era

> necesario ponderar con atención que el mar británico estaba sujeto a feas y horrendas tempestades, y era insidioso por los bajíos; y así que sería temeridad exponer a estos riesgos a la Armada Española si primero no se le determinaba la acogida a algún puerto contra los fracasos del mar.

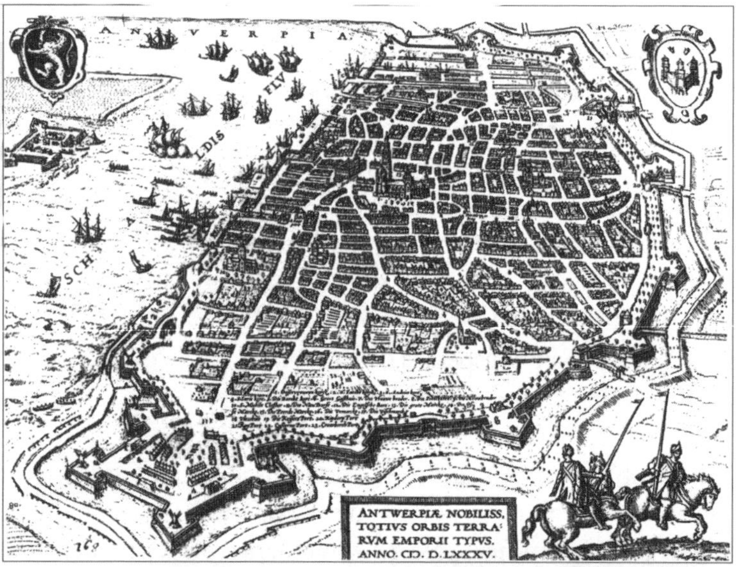
ANVERPIA
SCHALDIS FLU
ANTWERPIÆ NOBILISS. TOTIVS ORBIS TERRARVM EMPORII TYPVS. ANNO. CIↃ. D. LXXXV.

PRINCIPIO DEL SITIO DE ANBERES.
A Alexandro Farnese. el primero que tomo la zapa para abrir el Canal desde Gante á Amberes y a su exemplo todos los Cavos. B. estrabue. C. Sanfliet. D. beur. E. Mellen F. Baluarte San Phelipe á donde Tomo Alexandro el Baston de Mano del Conde Mansfeld. G. Alexandro H. Mansfeld. I. el Obispo de Ypre. K. obsequio delos Cavos. L. Capilla San Phelipe. M. alegria delos Soldados. N. el Escalda O. Anberes. Se empeño esta Obra de 52 laminas en el dia dos delmes de Marzo de 1681 por Romin de Hooge to das y se acabo en 20 de Enero de 1682 dispuestas por el Capitan

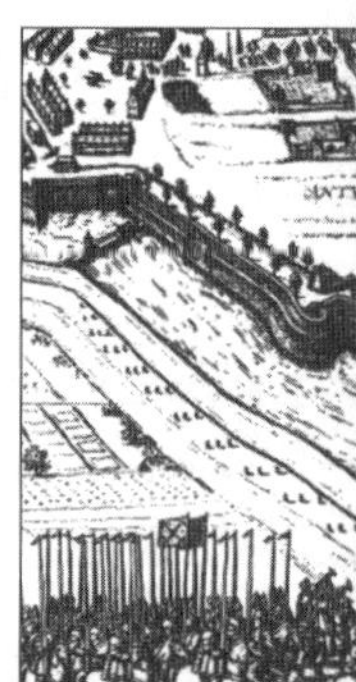

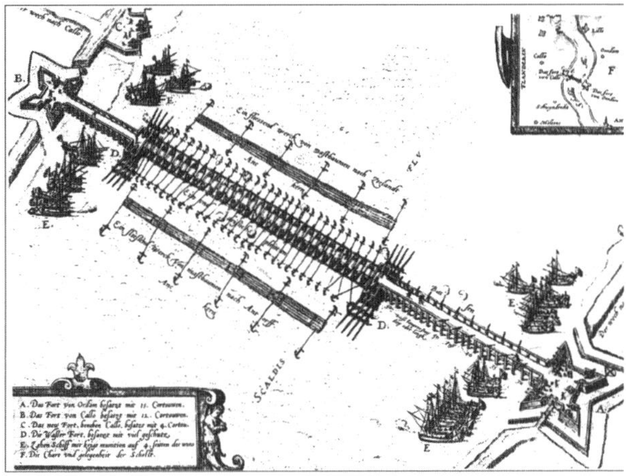

Plano de Amberes, fuertemente fortificada, escenas del sitio, tramoyas del asedio y puente construido por las tropas imperiales; barco-mina utilizado por los rebeldes; entrada triunfal de las tropas de Alejandro Farnesio, y saqueo e incendio del ayuntamiento.

La disolución del Tercio Viejo de Lombardía (1589)

El Tercio Viejo de Lombardía, mandado por Sancho Martínez de Leyva, estaba compuesto por la flor y nata de los veteranos supervivientes de cuarenta años de guerras, era el «tercio padre de todos los demás y seminario de los mayores soldados que ha visto Europa en nuestro tiempo», según un capitán de entonces. Estaba a las órdenes del conde de Mansfelt, un general alemán, cosa que llevaban muy mal los españoles, que solo querían obedecer a jefes de su nación. Mansfelt era además un militar desafortunado de quien ya años atrás los soldados españoles sospechaban connivencias con los rebeldes. Cuando el general ordenó al tercio que pasara el Mosa a invernar en una de sus islas, el Tercio de Lombardía, que tenía muy frescos los resultados de una orden muy parecida que había dado en 1585 el mismo jefe, cuando los sucesos de Empel, se negó y hubo que ordenar la retirada.

El tercio estaba muy revuelto por la falta de pagas, las bajas sufridas por hambre, frío y ahogamientos, y por su desconfianza hacia Mansfelt. Finalmente, los soldados se aquietaron y el motín se deshizo, pero Alejandro Farnesio, al conocer los hechos, decidió dar un escarmiento ejemplar para el resto de las tropas españolas en Flandes. Así pues, ordenó disolverlo y distribuir a sus hombres y compañías entre otros tercios. Leyva y sus capitanes dudaron en acatar la orden, pero al fin su fidelidad pudo más. La bandera del tercio fue batida y plegada por el alférez, que rompió el asta, y a continuación se procedió de igual manera con las banderas de las compañías. Estrada dice:

> Algunos no pudieron detener las lágrimas a fuerza del deshonor; y los que tantas veces habían tolerado sus heridas con ojos secos, como ajenas, ahora traspasados con más penetrante dardo, entre suspiros y gemidos se rendían oprimidos de dolor (...) y todos con pompa fúnebre lloraban al tercio como al difunto que llevaban al sepulcro.

Tres invasiones de Francia: los tercios en París (1590-1592)

A la muerte del soberano francés Enrique III, Felipe II decidió dar apoyo militar y económico a la Liga Católica, dirigida por los Guisa, con la esperanza de que pudiera convertirse en reina de Francia Isabel Clara Eugenia, hija de su matrimonio con Isabel de Valois, hermana del fallecido monarca. Las tropas españolas acantonadas en Flandes entraron en Francia a primeros de agosto de 1590, contra el parecer de Alejandro Farnesio, duque de Parma, que no quería interrumpir su campaña contra los rebeldes flamencos en un momento crucial, cuando solo dos de las diecisiete provincias de los Países Bajos (Holanda y Zelanda) estaban dominadas por los protestantes sublevados. La misión asignada a Farnesio era socorrer París, sitiada por Enrique de Borbón, para lo cual envió dos tercios de infantería —uno de ellos español— en refuerzo de Enrique de Lorena, duque de Mayenne, que dirigía la guerra en Francia contra el bando hugonote.

Pero los negativos resultados de esa campaña obligaron a Farnesio a hacerse cargo personalmente del manejo de la operación, para lo cual desplazó a territorio galo a un ejército de catorce mil infantes españoles, italianos, alemanes y valones, y tres mil jinetes, dejando muy debilitadas las fuerzas de Flandes, algo que Mauricio de Nassau y los calvinistas supieron aprovechar. El duque de Parma, que no se fiaba de sus aliados franceses de la Liga, avanzó con muchas precauciones y, después de reunirse con los hombres de Mayenne (unos doce mil), se encaminó hacia París, que estaba a punto de caer. Tras consultar con sus generales, Enrique de Borbón decidió levantar el cerco y dirigir su ejército (unos veintiséis mil infantes y seis mil jinetes) contra Farnesio. El Borbón eligió una amplia llanura cerca de Celes para colocar sus tropas y envió un mensajero a su enemigo invitándolo a la batalla, pero este respondió que tenía por costumbre entablar combate cuando lo decidía él y no el rival. Farnesio entonces maniobró con mucha habilidad para tomar la ciudad de Lagny, cuyos defensores fueron pasados a cuchillo, y avanzó hacía París sin que el jefe hugonote, el futuro rey Enrique IV, pudiera impedirlo.

Los tercios entraron en la capital francesa, a la que avituallaron y donde dejaron una pequeña guarnición, al tiempo que repelían varios ataques del Borbón, que terminó retirándose. Farnesio, viendo a sus tropas desatendidas, y sintiendo que la Liga le escatimaba su apoyo, una vez aseguradas las cercanías de París, decidió regresar a Flandes, lo que no sentó muy bien a los aliados de la Liga Católica, que le pedían permanecer en Francia con los tercios hasta la derrota definitiva de Enrique de Borbón. Pero el duque de Parma no hizo caso y retornó a Bruselas, realizando una retirada tácticamente admirable que salvó al ejército, aunque dejó en territorio galo a cinco mil hombres en apoyo de la Liga.

Como Farnesio se temía, el socorro de los tercios hispanos a los católicos franceses y el traslado de muchas de sus tropas a las plazas de la frontera para amenazar con ellas a los hugonotes provocó la pérdida de ciudades flamencas que habían sido ganadas con mucho esfuerzo. Aun así, el de Parma recibió órdenes del rey de marchar otra vez a Francia en apoyo de la Liga Católica.

A principios de enero de 1592, el ejército del duque cruzó Normandía para socorrer a la ciudad de Rouen, cercada por Enrique de Borbón, que se había reforzado con nutridos contingentes enviados desde Inglaterra. Al acercarse las tropas católicas, el jefe hugonote determinó salir a su encuentro con una gran formación de caballería, pero vio frenado su ataque por la de Farnesio, a las órdenes del albanés Jorge Basta. En la batalla resultó herido el Borbón y cayeron muchos de los nobles que iban con él al intentar protegerlo, de modo que se vio obligado a levantar el cerco y retirarse. No obstante, la falta de coordinación entre los sitiados en Rouen y el ejército católico desbarató la oportunidad de una victoria histórica.

Cuando llevaba a cabo un reconocimiento de las murallas de Caudebech, una ciudad situada cerca de Rouen, Farnesio recibió un disparo de arcabuz en el antebrazo. Sabedor Enrique de Borbón de que su rival estaba herido, atacó al ejército de la Liga y cortó su línea de aprovisionamiento. El duque de Parma, en vista de las malas noticias que le llegaban de Flandes, encomendó a las tropas de la Liga la defensa de Rouen y regresó enfermo a territorio flamenco, donde pidió a Felipe II que le relevara del cargo. El monarca no solo se negó, sino que le instó a regresar a Francia para llevar más socorros a la Liga y acelerar la designación de nuevo soberano. Cuando preparaba la nueva campaña, Alejandro Farnesio, uno de los mejores jefes de la historia de los tercios, murió de hidropesía en 1592, en Arras. Su cadáver, amortajado con hábito de capuchino, fue embalsamado y conducido a Parma, donde quedó enterrado en la cripta de la iglesia de la Madonna della Steccata.

El sitio de Amiens (1597)

En la ciudad y gran plaza fuerte de Amiens les tocó a los tercios desempeñar el papel de sitiados. El cerco tuvo lugar entre junio y septiembre de 1597, después de que los españoles hubieran conquistado la ciudad sin apenas bajas mediante un ardid, y el ejército del rey francés Enrique IV acudiera inmediatamente a recuperarla. El gobernador de la plaza, Hernán Tello, dividió la muralla en sectores de cuya defensa se encargaron los tercios de Mendoza, Mejía y Zúñiga, y las tropas valonas e irlandesas. Tello dejó salir de la ciudad a la mayor parte de la población civil, para ahorrarse bocas inútiles, y prendió fuego a los arrabales para despejar el campo de tiro y utilizar las ruinas como materiales de defensa. Los franceses, entre tanto, no perdieron el tiempo y obligaron a la gente de los alrededores a cavar trincheras y emplazar baterías artilleras.

Con el paso de las semanas, al hambre de sitiadores y sitiados se añadió la peste, y al mismo tiempo que se combatía ferozmente en superficie, unos y otros comenzaron la guerra de minas bajo tierra. En las galerías subterráneas se atacaba y defendía con humo de paja mojada, azufre y hogueras, lo que hacía irrespirable la atmósfera. A primeros de agosto, tras la voladura de una gran mina, los franceses lanzaron un asalto masivo que les permitió acercar su artillería a la ciudad, pero los sitiados contestaron cavando una contramina que hizo saltar por los aires a doscientos atacantes.

El cerco se estrechó hasta que los sitiadores consiguieron rellenar el foso, que franquearon apoyados por un fuego artillero de cuarenta y cinco piezas concentradas sobre un sector de la muralla. Para entonces la mitad de la guarnición había muerto y los heridos y apestados se amontonaban en el hospital de la ciudad. El gobernador Tello enviaba continuamente mensajeros para pedir ayuda al exterior. Casi todos fueron capturados y,

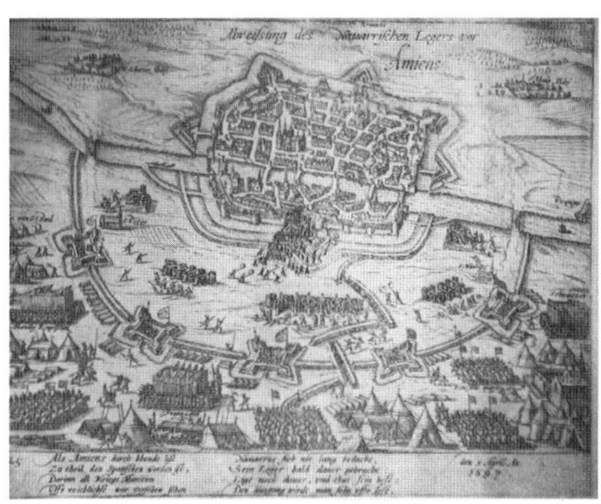

El asedio de Amiens.
Grabado de Hogenberg.

para asombro de los franceses, cuando algunos de estos prisioneros fueron puestos en libertad, solicitaron volver a encerrarse en Amiens antes que ponerse a salvo regresando con el grueso de su ejército.

Tello murió de un arcabuzazo el 4 de septiembre, y unos días después los franceses, después de un bombardeo artillero y la voladura de varias minas, lanzaron otro asalto general, pero los defensores, en un último esfuerzo, aguantaron «como topos entre las ruinas», sabedores de que un poderoso ejército que mandaba el archiduque Alberto, y en el que iban cuatro mil españoles de los tercios de Villar, Coloma y Francisco Verdugo, se acercaba para auxiliar la ciudad. Pero el archiduque, una vez colocada esta fuerza frente a las tropas sitiadoras de Enrique IV, que contaba con unos veinte mil hombres, no se atrevió a entablar batalla, ante el temor de que fuera aniquilado el único ejército que España tenía entonces en Flandes. Una medida que los españoles le criticaron mucho.

A fines de ese mismo mes se entregó Amiens. Quedaban solo seiscientos hombres ilesos y ochocientos heridos de una guarnición de tres mil cuatrocientos, que salieron con gran ostentación y banderas desplegadas. Alonso Vázquez cuenta que el número de mujeres francesas que acompañaban a los vencidos casi doblaba el número de estos. Poco después de la caída de Amiens, el archiduque Alberto recibió la noticia de que su tío, Felipe II, le otorgaba la mano de su querida hija, la infanta Isabel Clara Eugenia. Como dote real les entregaba los Países Bajos, con la sola condición de que la soberanía del territorio volviera a la corona hispana si el matrimonio no tenía hijos. Se trataba de satisfacer una de las peticiones fundamentales de sus súbditos de aquellas latitudes, deseosos de tener cerca a sus señores naturales. Alberto murió en 1621 sin descendencia, y los Países Bajos retornaron a la corona.

Nördlingen (1634)

Al morir Isabel Clara Eugenia, gobernadora general de Flandes, el rey Felipe IV envió para sucederla a su hermano, el cardenal-infante Fernando de Austria. Todo el centro de Europa ardía en el contexto de la guerra de los Treinta Años que enfrentaba al ejército imperial católico contra el sueco-alemán protestante. Con la misión de encaminarse a Bruselas para dirigir una ofensiva general contra las Provincias Unidas y, de paso, dar apoyo al bando católico en el sur de Alemania, Fernando salió de Milán con un ejército que atravesó el Tirol y en el que figuraban dos tercios españoles mandados por el conde de Fuenclara y Martín de Idiáquez. El cardenal-infante se unió en Nördlingen con otra fuerza imperial bajo el mando del rey Fernando de Hungría y que había puesto sitio a la ciudad.

El 5 de septiembre de 1634 se produjo la batalla, centrada en la estratégica colina de Albuch, que, dominando el campo, estaba defendida por el Tercio de Idiáquez, un tercio napolitano y dos regimientos alemanes. La caballería y la infantería suecas del mariscal Gustav Horn cargaron fieramente contra la colina y consiguieron desarbolar a los regimientos alemanes, mientras italianos y españoles mantenían la línea. El Tercio de Idiáquez, que sufrió hasta quince cargas de la infantería sueca, aguantó con un estoicismo que asombró a sus enemigos. En el momento culminante de la batalla, cuando en las filas imperiales se produjo el retroceso de la infantería alemana, los de Idiáquez se adelantaron para cubrir el hueco: «Avanzaron con paso tranquilo —dejó escrito un coronel sueco— cerrados en masas compactas... eran casi exclusivamente veteranos bien probados: sin duda alguna, la infantería más fuerte con la que he luchado nunca».

Los suecos, agotados en su esfuerzo por tomar Albuch, recibieron órdenes de Horn de emprender la retirada, y fueron perseguidos colina abajo por la infantería española e italiana y la caballería imperial. El desastre del bando protestante fue total. Murieron siete mil hombres y otros seis mil fueron hechos prisioneros, entre ellos el mariscal Horn y la mayor parte de sus oficiales. El ejército sueco, invencible hasta entonces en Alemania, se desmoronó, y solo conservó una cabeza de puente en Pomerania; las tropas imperiales reconquistaron todo el sur de Alemania y el cardenal-infante hizo su entrada triunfal en Bruselas en la primavera de 1635. Desgraciadamente, murió a finales de 1640 víctima de unas fiebres malignas.

Honnecourt (1635)

Reanudadas las hostilidades entre España y Francia desde 1635, los franceses lanzaron en 1642 una ofensiva con el fin de apoderarse de Perpiñán y apoyar la rebelión de Cataluña. Para contrarrestarla, el ejército español de Flandes, al mando del gobernador general Francisco de Melo, decidió iniciar un avance en su sector con objeto de aliviar la presión francesa en el frente catalán. Melo reunió un potente ejército de trece mil infantes y seis mil jinetes que se apoderó de Lens y la fortaleza de La Bassée. Frente a estas fuerzas, los franceses dividieron su ejército en dos cuerpos, y uno de ellos, con diez mil hombres al mando del mariscal De Guiche, marchó hacia Champagne y se atrincheró en una colina junto al pueblo de Honnecourt, cabe el Escalda.

Francisco de Melo, jefe del ejército español en Rocroi.

Melo situó en primera línea a los tercios españoles de Ávila, Alburquerque, Castelví, Villalba y Velandia, y a los italianos del marqués de Strozzi y de Giovanni dei Ponti, con los valones en segunda fila, los alemanes en retaguardia y la artillería sobre una colina que dominaba las posiciones francesas. Desde esa altura inició un mortífero fuego mientras la infantería española se lanzaba por el centro al asalto de las trincheras del ejército francés. El ataque estaba combinado con otro de la caballería valona y los tercios italianos, que avanzaban por el ala izquierda.

Ante la amenaza de ver su flanco desbordado, el mariscal De Guiche reagrupó entonces la caballería y contraatacó sobre los valones y los italianos. Los franceses asaltaron también la colina donde se encontraba la artillería española, pero fueron frenados por la intervención de los tercios valones que combatían en segunda fila. La caballería del mariscal galo, embestida por los tercios italianos y valones, retrocedió, arrastrando con ella todo el flanco derecho francés. En el centro, los tercios españoles se impusieron y, al desalojar a los franceses del emplazamiento atrincherado, el resto del ejército de De Guiche se rindió o se retiró en desorden. La victoria del bando español fue considerable: más de siete mil franceses muertos o prisioneros.

Rocroi (1643)

La batalla se libró el 19 de mayo de 1643, cuando el ejército francés, al mando del duque de Enghien (futuro príncipe de Condé), intentó romper el cerco de la plaza de Rocroi, sitiada por el bando español. Rocroi, cercana al valle del Mosa, era una de las principales fortalezas fronterizas a las Ardenas, y su caída ponía en grave peligro la ciudad de Reims, con la consiguiente amenaza sobre París.

Francisco de Melo tenía a sus órdenes un ejército compuesto de tercios y regimientos de procedencia española, valona, alemana, italiana y borgoñona, más quince escuadrones de caballería de Flandes y catorce de caballería de Alsacia cubriendo las dos alas. En la derecha, los jinetes alsacianos, mandados por el conde de Isemburg; y en la izquierda, los de Flandes, capitaneados por el duque de Alburquerque.

En el centro, al mando del maestre de campo general lorenés Paul Bernard de Fontaine, se agrupaban los tercios españoles del conde de Villalba, Baltasar de Mercader, conde de Garcíes, Jorge Castelví y Antonio de Velandia, con tres tercios italianos. En retaguardia había cinco tercios de valones, y en reserva, cinco regimientos alemanes. El despliegue francés (dieciocho regimientos de infantería, treinta y dos escuadrones y unidades suizas y escocesas) era prácticamente similar, con la artillería situada por delante de la infantería, y un centro con dos líneas de infantería. En cuanto al número, hay variaciones según las diversas fuentes, pero todas coinciden en que las fuerzas de ambos ejércitos estaban bastante equilibradas, con veintitrés mil hombres del lado francés y unos veinticinco mil del hispano.

La batalla se inició al amanecer, cuando los franceses tomaron la iniciativa con sendos ataques de su caballería por las alas, a los que hizo frente la caballería de Isemburg y Alburquerque. Poco antes de las seis de la mañana, cuando el ala izquierda francesa retrocedió y el centro francés se tambaleaba, se dio la victoria por asegurada, como había ocurrido otras muchas veces, y ese exceso de confianza resultó nefasto. La infantería española permaneció inmóvil en ese momento decisivo porque ni Melo ni Fontaine dieron órdenes de avanzar en apoyo de los escuadrones a caballo. Una torpeza táctica que se pagó muy cara. La caballería francesa se reagrupó, y el barón de Sirot, que mandaba la reserva, formada por escuadrones de caballería combinados con infantería, sorprendió a la caballería alsaciana de Isemburg, que daba por terminado el combate. Enghien, desde el ala derecha, se puso al frente de la caballería francesa, cargó contra la de Alburquerque y la deshizo, contando con el refuerzo de su segunda línea de infantería, que todavía estaba intacta.

Decidido a obtener la victoria total, Enghien envolvió con la caballería la retaguardia de la infantería de Melo y concentró sus ataques contra los tercios españoles, que terminarían aguantando todo el peso del ejército francés. Después de un durísimo combate, los franceses se retiraron, pero en la lucha perdió la vida el maestre general Fontaine, que, enfermo de gota, se había visto obligado a dirigir a los tercios desde una silla de mano. Junto a él murieron los maestres de campo Antonio Velandia y el conde de Villalba, luchando con heroísmo al frente de sus hombres.

Dueña absoluta del campo la caballería francesa, Enghien se dedicó a la destrucción sistemática del grueso de los tercios «de naciones», así llamados por no contar con españoles en sus filas. Primero fueron derrotados los alemanes y los valones, situados en retaguardia y en la reserva, y luego tocó el turno a borgoñones e italianos. Estos últimos, tras la caída de uno de sus mejores jefes, el marqués Visconti, y dando la batalla por perdida, se retiraron ordenadamente a unas colinas cercanas, sin haber entrado apenas en combate.

Solo quedaron al final los veteranos de la vieja infantería española, con aureola de invencibles, y todo el ejército francés se abatió sobre ellos. Los continuados ataques de la infantería y la caballería enemigas no consiguieron deshacer los escuadrones de los tercios, que aguantaron a pie firme un vendaval de fuego. Como último recurso, Enghien ordenó concentrar toda su artillería sobre los cuadros españoles, que continuaron rechazando ataques sin pensar en rendirse. Mientras los orgullosos veteranos caían, la situación se tornó más desesperada cuando se quedaron sin munición para responder al fuego enemigo. El duque, conmovido por la obstinación formidable de aquellos valientes y el derroche de vidas, y preocupado por el agotamiento de los suyos y la proximidad de refuerzos españoles que se acercaban a Rocroi, envió un parlamentario y ofreció a los supervivientes conservar la vida a cambio de entregar las armas. El sargento mayor, Juan

Pérez de Peralta, condicionó la entrega a que se considerara como capitulación de plaza fuerte o fortaleza. Después de una corta negociación, los últimos infantes que se mantenían en pie capitularon con la promesa de ser repatriados a España.

Cuentan las crónicas que después de la batalla, cuando el duque de Enghien recorría el campo cubierto de cadáveres, preguntó a un soldado español herido cuántos eran antes del enfrentamiento. «Contad los muertos», fue la lacónica respuesta. Aunque los analistas militares discrepan en las cifras, se estima que las pérdidas del ejército de Melo alcanzaron unos siete mil quinientos hombres, entre muertos, heridos y prisioneros. De estos, más de tres mil eran soldados y oficiales de los tercios viejos, y su pérdida fue irreparable. Los franceses también sufrieron bajas importantes: unos dos mil muertos, sin contar los heridos.

Sin embargo, pese a lo que se ha venido repitiendo durante mucho tiempo, bajo la influencia de la propaganda francesa, la derrota de Rocroi no resultó desde el punto de vista militar decisiva para España, que todavía siguió combatiendo con eficacia en Flandes más de medio siglo. De hecho —como señala el historiador Sánchez Martín—, el ejército francés quedó tan castigado en la batalla que hubo de retirarse a Guisa, en Picardía; y Rocroi caería diez años después en poder de España, que mantuvo la plaza hasta la Paz de los Pirineos, en 1659.

El sitio de Ostende (1601-1604)

La abnegada y oscura guerra de sitio a ciudades altamente fortificadas que los tercios libraron en Flandes, en condiciones harto penosas, daba carácter pírrico a algunas victorias a causa del elevado número de bajas que ocasionaban los prolongados asedios. En realidad, más que sitios, se trataba de batallas estáticas de larga duración, que dejaban maltrechos a sitiadores y sitiados.

Un claro ejemplo se produjo en el cerco a la plaza fortificada de Ostende, que contaba con una guarnición de unos ocho mil hombres (ingleses, franceses y holandeses) y la cooperación de fuerzas navales anglo-holandesas que la abastecían desde el mar. En estas condiciones, el asedio presentaba una tremenda dificultad. El cerco duró tres años, y comenzó el 5 de junio de 1601, con la participación de los tercios españoles de Rivas, Monroy y Villar.

Una primera y furiosa salida de la guarnición tuvo que ser rechazada por los dos mil quinientos españoles del Tercio de Monroy, pero este maestre murió de un cañonazo, y se hizo cargo del tercio Simón Antúnez, que rechazó una segunda salida a costa de graves pérdidas.

Diariamente se producían cañoneos y escaramuzas, en una de las cuales mataron de un tiro de mosquete al maestre de campo Juan de Bracamonte, cuyo tercio pasó a Álvaro Juárez de Quiñones. A finales de ese año, un formidable asalto de los sitiadores costó mil trescientas bajas, sin resultado alguno; le sucedieron otros muchos en los que cayeron el maestre de campo Diego Durando y gran número de oficiales.

El cerco iba camino de eternizarse cuando se hizo cargo del ejército católico el genovés Ambrosio de Spínola, rico comerciante y banquero que había ofrecido al gobierno español sus servicios para levantar y mantener a su costa un ejército bajo su mando. Pagando bien y al contado, Spínola logró formar dos tercios de veinte compañías que incluían a unos dos mil soldados «viejos» españoles; se reservó el mando nominal de uno de ellos, dejando la jefatura efectiva al sargento mayor Pompeo Giustiniano, quien ya había combatido en Flandes con quinientos corsos a los que el historiador Almirante califica de «excelente tropa».

A mediados de abril de 1602, los trabajos para instalar las baterías y demoler las defensas de Ostende tomaron proporciones ciclópeas, con inmensos terraplenes y plataformas. El general holandés Mauricio de Nassau, para dividir al ejército sitiador y distraer fuerzas del cerco, lanzó un ataque de veinticinco mil infantes y cinco mil caballos contra la ciudad de Grave, que se le rindió dos meses más tarde, después de sufrir un diluvio de bombas. En septiembre de 1603 el desaliento se había extendido entre los sitiadores, que pensaron levantar el cerco al ver que no adelantaban, a causa de los continuos refuerzos que la plaza recibía desde el mar. No obstante, la retirada pudo evitarse por la obstinación de Spínola, que se comprometió a continuar el asedio por su cuenta y, con gran sentido práctico, concluyó los trabajos para bloquear completamente la plaza mediante la construcción de un gran dique y la excavación de nuevas trincheras. Al mencionado dique siguió otro de enorme altura y gran espesor, construido por el Tercio de Simón Antúnez, y el sitio de Ostende se apretó, a pesar de las fatigas y un derroche de pérdidas humanas. El mismo maestre Pompeo Giustiniano, apenas curado de una herida, recibió otra mayor en el brazo derecho y hubo que amputárselo. Al esfuerzo de las tropas sitiadoras, reservado el sector de más peligro y fatiga a los tercios españoles, respondió Mauricio de Nassau poniendo sitio a La Esclusa (Sluys), ciudad portuaria cercana a Ostende, que se rindió por hambre en agosto de 1604 con deshonra del gobernador encargado de su defensa, Mateo Serrano, que fue puesto en prisión.

A la guerra en superficie se añadía la subterránea de minas y contraminas, con voladuras continuas que dejaban a las compañías en cuadro. Las bajas de los tercios fueron tales que Ambrosio de Spínola tuvo que reforzarlos con alemanes, pero al fin, a primeros de septiembre de 1604 se consiguió cegar el canal por el que Ostende recibía sus refuerzos, y el Tercio de Antúnez logró coronar los dos principales fortines que protegían la plaza. Pocos días después, la guarnición defensora (unos cuatro mil hombres) se rindió y Spínola, en un alarde de cortesía, lo celebró dando un banquete al gobernador enemigo que había capitulado. Pero el sitio había costado a los vencedores diecisiete mil muertos, entre ellos doscientos cincuenta capitanes de los tercios; y a los sitiados, unos cincuenta y ocho mil soldados y marineros, incluyendo quince coroneles, veintinueve sargentos mayores y quinientos setenta y cinco capitanes.

Las lanzas de Breda (1625)

En el marco de la guerra de los Treinta años, Spínola ocupó la plaza fuerte de Juliers, por donde pasaban las comunicaciones de los rebeldes holandeses con los estados protestantes alemanes. El joven rey Felipe IV le ordenó completar este triunfo con la toma de Breda, que dominaba un territorio estratégico de Brabante y era una ciudad emblemática para la tradición patrimonial de los Orange. Tomarla equivalía a introducir una cuña en el corazón de las provincias rebeldes, pero la ciudad era un ejemplo modélico de fortificación, cuya captura se juzgaba imposible.

La acción contra Breda —que se inició en agosto de 1624 con un ejército de veintitrés mil hombres— marcó el punto culminante de la ofensiva española que Spínola había empezado en 1620, y que tenía como objetivo principal eliminar la amenaza que el agresivo Palatinado protestante representaba para la frontera oriental de Flandes. La táctica de Spínola fue aislar por completo la ciudad, y tras nueve meses de asedio, después de que los tercios soportaran un largo y duro invierno, se produjo la rendición en junio de 1625, coincidiendo con el fallecimiento del príncipe Mauricio de Nassau. El hecho —como es bien conocido— sirvió de motivo a Velázquez para el famoso cuadro de *La rendición de Breda*, popularmente conocido como *Las lanzas*. Como dato curioso, Breda se rindió al cumplirse los cien años de la gran victoria de Pavía, pero para Spínola fue su última campaña en Flandes, ya que murió cinco años más tarde combatiendo en el norte de Italia, dolido porque su enfrentamiento con el conde duque de Olivares lo había marginado de la corte española.

11

La larga marcha de los tercios

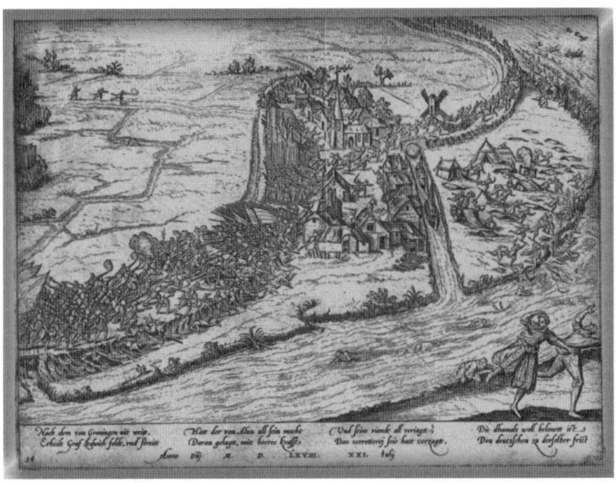

La disciplina de combate de los tercios los convirtió en el ejército más admirado en toda Europa. En el grabado de Hogenberg, la batalla de Gemmingen.

La infantería española en Italia

La historia de los tercios va ligada a la de sus campañas y a los escenarios donde intervinieron. Su existencia supuso una larga marcha a través de muchos escenarios de guerra de Europa, África, América, el Atlántico y el Mediterráneo. Los tercios nacieron para encuadrar las compañías de infantería española en Italia, capitanes y soldados veteranos que habían asimilado el estilo combativo del Gran Capitán, Colonna, Pescara y el marqués del Vasto. Después de la victoria de Pavía, el saco de Roma (1527) y la anexión del ducado de Milán, Carlos V señoreaba con uno u otro título toda Italia. Con la creación de los tercios disponía para sus campañas exteriores de cuatro de estas agrupaciones de infantería, las ya citadas de Lombardía, Nápoles, Sicilia y Málaga, con veinte compañías en el sur de Italia, siete al mando de Antonio Leyva, y otras once de creación reciente, que hacen un total de diez mil infantes.

Las campañas de Carlos V

Los tercios recién creados se emplearon enseguida en las conquistas de La Goleta y Túnez (1535), y a continuación en la segunda guerra con Francia en el norte de Italia (1536-1544), la fracasada expedición contra Argel (1541), las guerras de Alemania (1546-1547), la tercera guerra con Francia (1552-1555) y la pérdida de Trípoli. A lo largo de veinte años, lucharon en ambas orillas del Mediterráneo, el norte de Italia, el interior de Francia y Centroeuropa, amén de la expedición en socorro de Viena.

Además de Francia, que nunca renunció a sus apetencias de suelo italiano, Carlos V tenía en 1532 otros dos enemigos principales: el Imperio turco y los protestantes. Los esfuerzos franceses por apoderarse de Lombardía provocaron todavía varías guerras que sirvieron a los tercios para adquirir la consistencia que los haría célebres. Harto de las continuas maniobras del rey francés Francisco I, que se había aliado con los turcos y estaba en contacto con los príncipes protestantes alemanes, el emperador se decidió a invadir la Provenza, en el sur del país vecino. Las tropas imperiales sitiaron Marsella y ocuparon Aix-en-Provence, pero en esta ciudad se declaró una epidemia de peste, y la ofensiva fracasó. Los ejércitos de Carlos V tuvieron que levantar el sitio de Marsella y retirarse a sus bases en el norte de Italia, mientras Francisco I ocupó una parte de Saboya sin renunciar a su gran objetivo, que era la conquista del Milanesado.

Los tercios en Centroeuropa

Sujeta por el momento Francia en sus intentos de intervenir en el norte de Italia, Carlos V concentró su atención en los asuntos cada vez más embrollados de Alemania, donde las esperanzas de conciliación entre católicos y protestantes habían llegado a un punto muerto en enero de 1545. En mayo de ese mismo año, como emperador del Sacro Imperio Romano Germánico, llegó a Worms a presidir la Dieta convocada para poner fin al cisma luterano, pero fracasó en el empeño. El resultado fue que los protestantes se coligaron en la Liga de Smalkalda, de la que formaban parte muchos nobles alemanes, incluido el elector de Sajonia, y juntaron un ejército de casi cien mil hombres y ciento veinte piezas de artillería, que se enfrentó abiertamente al emperador. A marchas forzadas, Carlos V también lograría crear otra fuerza con la que se enfrentó a sus adversarios y obtuvo la rotunda victoria de Mühlberg (1547), en una acción en la que volvieron a cubrirse de gloria los tercios, al mando del duque de Alba.

La última guerra de Carlos V

La gesta de Mühlberg no fue suficiente para asegurar la paz en Alemania. Volvieron los enfrentamientos que convirtieron a Europa occidental en un teatro de guerra. Los tercios tuvieron que acudir a reprimir los focos de discordia en Italia y en los territorios alemanes del Imperio, Hungría y Lorena, ducado este último en que los franceses se apoderaron de plazas fortificadas de importancia estratégica como Metz, Toul y Verdún, lo que volvió a avivar la hoguera de la disputa con Francia. En septiembre de 1552, Carlos V puso cerco a Metz, pero contra todas las previsiones, la ciudad resistió el asalto, bien defendida por Francisco de Lorena, duque de Guisa, y el emperador hubo de abandonar la empresa con gran disgusto, después de perder gran parte de su ejército, consumido por el frío, el tifus, las lluvias, la peste y el hambre.

Las circunstancias históricas pusieron a Carlos I de España y V de Alemania a la cabeza de un vasto imperio.

Un año más tarde, la guerra proseguía en las fronteras de Francia y los Países Bajos, y los tercios, comandados por Filiberto de Saboya, ocupaban Térouanne y Hesdin y detenían un intento de penetración francesa en Luxemburgo. Ese mismo año, se rebeló la república italiana de Siena, apoyada por Francia, y de nuevo los tercios acudieron al quite y tomaron esa ciudad después de derrotar a franceses e italianos en una acción en que se distinguieron notablemente los arcabuceros españoles dirigidos por Juan Manrique de Lara. Poco después, el monarca francés Enrique II volvió a la carga invadiendo Flandes, y allí estuvieron otra vez los tercios frenando el empuje de sus tenaces adversarios. Esta fue la última guerra de Carlos V, que, enfermo y agotado, renunciaba en enero de 1556 en Bruselas a sus reinos, además de a la corona del Sacro Imperio Romano Germánico. Se cerraba así la etapa inicial de los tercios, inaugurándose al tiempo la de apogeo que tendría su continuación con Felipe II, y aún se mantuvo con altibajos con Felipe III y Felipe IV.

Una larga época que abarca casi un siglo y un rosario de guerras europeas en las que España se vio envuelta, unas veces voluntariamente y otras obligada, como potencia militar con muchos territorios e intereses propios y ajenos que defender.

Flandes, escenario principal de un siglo de guerras

Para los infantes españoles, la victoria de San Quintín, ciudad próxima a la frontera norte de Francia, marcó un hito perdurable, cuyo alcance, seguramente, habría sido aún mayor si —como pedían muchos de sus generales y capitanes— Felipe II hubiera ordenado marchar sobre París y ocupar la ciudad, que pasó por momentos de pánico. A este gran hecho de armas siguió la batalla de Gravelinas (1558), llamada también primera de las Dunas, y en la que —además de los arcabuceros— desempeñó un importante papel la caballería. Pero a partir de ahí, la situación en Flandes empezó a envenenarse. La sublevación encontró partidarios en gran parte del territorio, por razones religiosas y políticas, y desencadenó una guerra prolongada que, aunque se llamara «de Ochenta Años», duró más de cien, con algunas intermitencias: desde 1565, cuando comenzaron los disturbios contra la gobernadora, hasta la paz de Ryswick, en 1697, fecha muy cercana al final de los tercios.

Flandes fue el principal territorio de actuación de los infantes hispanos durante las últimas décadas del siglo XVI y todo el XVII. El escenario de una serie grandiosa de hazañas de los tercios —salpicada también de derrotas y hechos oprobiosos— y, finalmente, también su sepultura. Y todo eso con una gran escasez de hombres —solo Francia tenía entonces el doble de habitantes que España—, ya que la población española, además de las continuas contiendas en Europa y África, nutría la conquista y colonización de América, lo que obligaba, como señala el historiador francés Lucien Febvre, a suplir «con una asombrosa movilidad la no menos asombrosa inferioridad numérica». Teniendo en cuenta la cantidad de frentes en los que hubo de combatir, y contra tantos enemigos a la vez, lo sorprendente es que se aguantase tanta tensión bélica durante tantos años y no se produjese el colapso militar total, como ha ocurrido con otros imperios mucho menos extendidos.

El duque de Alba y los tercios de Flandes (1567-1573)

En 1566 se había abierto un nuevo escenario para los tercios con la explosión de la furia iconoclasta de los calvinistas de lo que en España se llamaba Flandes, es decir, un conjunto de diecisiete pequeños estados, denominados también las Provincias Unidas, el rico patrimonio paterno de la dinastía borgoñona, donde había prendido el calvinismo que encendió una virulenta guerra civil. Felipe II envió a Flandes a su mejor general, el duque de Alba, con ocho mil hombres de los cuatro tercios de infantería española radicados en Italia, que cruzaron Europa de sur a norte (1567). La gran marcha del ejército del duque de Alba en 1567 inauguró el Camino Español, la vía que aseguraba el eje estratégico España-Italia-Flandes, columna vertebral de la hegemonía hispana en Europa. Alba salió del norte de Italia con los cuatro tercios viejos (Nápoles, Sicilia, Cerdeña y Lombardía) al mando de Antonio de Ulloa, Julián Romero, Lope de Acuña y Sancho de Londoño. Al frente de la caballería estaba Fernando de Toledo, hijo natural del duque. En vanguardia iban el Tercio de Nápoles y el de Lombardía, y cerrando la columna, los dos restantes, con dos compañías de caballería albanesa. Cruzando el Mont Cenis, en los Alpes, los tercios llegaron en catorce días al Franco-Condado, bajo dominio español, y en dos semanas más alcanzaron la frontera de Flandes por el territorio de Lorena. De esta impresionante marcha, que causó asombro en Europa, nos han quedado algunos testimonios de admiración, como el del gentil-hombre francés Pierre de Bourdeille, señor de Brantôme (1537-1614), por quien sabemos que los soldados de Alba «iban tan arrogantes como príncipes, y tan apuestos que todos parecían capitanes». El de Brantôme se prodiga en elogios hacia la infantería de aquellos tercios:

Grabado que presenta al duque de Alba como campeón de la causa católica frente a los rebeldes protestantes.

> (...)un cuerpo de hasta diez mil soldados, magnífico y bien provisto, sin la menor tacha ni en las armas, ni en el alarde de vestuario ni en la calidad y virtud de los hombres, y tampoco en el abastecimiento de víveres o en las pagas; y hasta en sus cortesanas, que en su ornato parecían princesas.
>
> (...)Y al pasar cerca de la frontera de Francia, por Lorena, los caminos se abarrotaban de la gente que fue a contemplarlos.

El duque de Alba pensaba que en año y medio habría liquidado el problema y aplicó sin contemplaciones las instrucciones que traía de la corte, entre las cuales estaba la ejecución de Egmont y Horn, dos fieles servidores y amigos del difunto Carlos V. La gobernadora Margarita de Parma, hija del emperador y hermanastra del rey, no pudo soportar a Alba y dimitió. El duque asumió entonces interinamente la gobernación civil de los Países Bajos además de ejercer el mando de las fuerzas españolas.

La administración civil de Bruselas se españolizó. Alba, mientras, entretenía a fuerza de marchas y contramarchas tres invasiones del ejército rebelde, que se desgastó solo, y antes de fin de año estaba destruido en la batalla de Gemmingen (1568). Hubo amnistía general, el duque desmovilizó las tropas y licenció a los soldados. Pero los problemas no habían hecho más que empezar. Los turcos habían invadido y conquistado Chipre, y alentaban en España la sublevación de los moriscos que se convertiría en una guerra de tres años.

Para resolver sus carencias financieras, Alba creó en Flandes en 1569 tres impuestos que los hombres de entonces consideraron insoportables: el uno por ciento de las rentas, el cinco por ciento de la venta de inmuebles y el diez por ciento de las demás transacciones. Por muy breve tiempo Flandes pagaría su guerra, pero los tercios no recibieron ni una sola paga entre octubre de 1570 y mayo de 1572.

En el Mediterráneo por fin pudo constituirse una Santa Liga contra el Turco de la que de nuevo estaba ausente Francia. Los tercios vencieron en la batalla naval de Lepanto (1571), donde sufrieron la inquina de los venecianos. Los hugonotes franceses planeaban invadir Flandes cuando se produjo en Francia la matanza de San Bartolomé y quedó conjurado momentáneamente el peligro. En los primeros años de la década de los setenta, España realizó un doble esfuerzo en Flandes y el Mediterráneo, que se saldó con una sucesión de catástrofes: los tercios recuperaron Túnez y tomaron Bizerta, pero todo se perdió al año siguiente (1573). Una nueva invasión de los rebeldes calvinistas de Flandes obligó a reclutar apresuradamente tropas y reconstituir el ejército. No había fondos para pagarlo, lo que provocó el saqueo de Malinas y, después del sitio y captura de Haarlem y la batalla de Mock, un motín que tuvo por consecuencia la ocupación de Amberes por los amotinados.

Desde el punto de vista de la historia militar, las guerras de Flandes abarcaron el cénit y el ocaso de los tercios. Llevar fuerzas a los Países Bajos planteó un problema logístico militar importante que exigía disponer de guarniciones fijas en las principales ciudades y puntos estratégicos del territorio. De España o Italia llegaban a Milán, donde se les proporcionaba armamento y ropa, los voluntarios de los tercios viejos, a los que se sumaron otros que se fueron organizando a lo largo de la guerra. Otros refuerzos llegaban por barco cuando las circunstancias lo permitían, desde los puertos de Laredo y Bilbao hasta Ostende o Dunkerque. Los tercios alcanzaron en Flandes éxitos rotundos, pero suponían una sangría constante que terminó vaciando a la propia España, empobrecida y agotada por dentro. Flandes fue una trampa mortal porque, como dice el historiador y gran hispanista Geoffrey Parker, era una guerra exterior que España «no podía ganar, pero que tampoco podía abandonar».

Los españoles del ejército del Rey

Según la memoria que el duque de Alba dejó a su sucesor en el gobierno de Flandes, Luis de Requesens, las tropas hispanas se repartían entre Holanda (cincuenta y nueve compañías), Brabante (trece compañías) y Zelanda (siete compañías). En total, el ejército del Rey tenía al principio de la guerra cincuenta y siete mil infantes, cuatro mil setecientos jinetes, otros nueve mil soldados del Tercio de Mar, y el resto, hasta unos ochenta y dos mil, se dividía en artilleros, ingenieros (gastadores) o personal de transporte. Parecía —y lo era en efecto— un ejército imponente, pero sus efectivos no bastaban para atender no solo la insurrección en Holanda y Flandes, sino para combatir también contra otros ejércitos enviados por Inglaterra, Francia y los príncipes protestantes alemanes a la zona de conflicto. De 1567 a 1600, los combatientes de Flandes recibieron más de sesenta y tres mil hombres (repartidos en veintitrés tercios) para reponer bajas.

En el ejército del Rey que combatía en los Países Bajos, los españoles eran minoría; la mayor parte de los efectivos procedía de otros reinos y señoríos de la corona (Nápoles, Sicilia, Lombardía, Franco-Condado y Flandes) o bien eran mercenarios de naciones aliadas, o católicos escapados de la opresión en el Reino Unido. Los tercios españoles eran unidades selectas, de élite, y solo representaban una fracción del conjunto. Como afirmaba el escritor militar del siglo XVI Blaise de Vignère: «No se puede negar que los españoles son los mejores soldados del mundo, pero escasean tanto que a duras penas es posible reclutar cinco o seis mil de una vez». En tiempos de Carlos V constituían aproximadamente un diecisiete por ciento del total de la infantería. En Flandes, entre 1567 y 1621, la media de españoles era de un quince por ciento.

En 1607, la infantería del archiduque Carlos Alberto, gobernador de los Países Bajos, agrupaba a unos diecisiete mil alemanes, catorce mil valones, tres mil setecientos italianos, dos mil quinientos irlandeses, mil quinientos borgoñones y seis mil seiscientos españoles, que representaban un doce por ciento del total, e incluso en la batalla de Rocroi (1643) los tercios españoles solo eran un veinticinco por ciento de la infantería. Esta baja proporción de efectivos hispanos, sin embargo, resulta engañosa si nos atenemos solo al factor numérico. El conjunto español representaba el nervio principal de la infantería, la fibra de todo el ejército que aglutinaba al resto de las naciones; era el «núcleo duro» sobre el que se cimentaba cualquier esperanza de victoria; «... este ha de ser el nervio principal y brazo derecho y el que lo ha de asegurar todo», escribe Alejandro Farnesio al rey cuando le pide el envío de refuerzos. Y en otra carta insiste en que hay falta notable en la gente de «todas las naciones... y mayormente en la española que es lo que más siento ya que ha de ser la de más confianza y el brazo derecho».

Los tercios representaban la fuerza de choque, la columna principal del edificio militar de España y sus aliados. Ninguna tropa los inquietaba, porque estaban seguros de vencerla, y ese exceso de autoconfianza degeneraba a veces en prepotencia y era causa de descalabro. Los tercios constituían el tronco que daba solidez al conjunto del cuerpo, y de esto hay abundantes testimonios en cronistas y documentos de la época.

El historiador británico Mattingly, recogiendo el informe de uno de los espías de Walshingham, cabeza de los servicios secretos ingleses durante el reinado de Isabel I, comenta de los combatientes españoles: «Mantienen el orden admirablemente, su fuerza principal reside en el cuidado y prudencia de sus métodos de día y de noche». De esta calidad combativa hace también elogio el embajador veneciano Suriano en uno de sus informes:

«Por la circunspección y paciencia con que soporta las fatigas, la infantería española se pliega fácilmente a las leyes de la disciplina. Sobrepasa a todas las demás cuando se trata de tender emboscadas, defender un desfiladero y sostener un sitio». Y el conde de Leicester, aunque adversario de Farnesio, los calificaba como «los mejores soldados existentes en la Cristiandad».

Luis de Requesens (1573-1576)

Luis de Requesens.

Tanto Felipe II como el duque de Alba eran contrarios a cualquier compromiso con los rebeldes, pero la resistencia de estos y la guerra contra los turcos en el Mediterráneo, unido a los motines y la imposibilidad de lograr una victoria decisiva, habían llevado la situación de los Países Bajos a un callejón sin salida que indujo al rey a sustituir en 1572 al duque de Alba por Luis de Requesens, a la sazón gobernador del Milanesado y antiguo lugarteniente de Juan de Austria en Lepanto. En esta etapa de la guerra, los rebeldes mandados por Luis de Nassau entraron en la provincia de Brabante con un ejército de casi diez mil hombres y sitiaron Mastrique (Maastricht), defendida por una pequeña guarnición alemana a la que se unieron tres compañías montadas al mando de Bernardino de Mendoza, más setecientos valones y trescientos arcabuceros españoles del Tercio Viejo de Sicilia. A estos refuerzos se agregaron poco después veinticinco compañías de los tercios viejos de Nápoles, Lombardía y Flandes mandadas por Gonzalo de Bracamonte. De acuerdo con las cifras investigadas por Geoffrey Parker, en marzo de 1574 el ejército de Flandes, que había sido reforzado para contener la invasión de Luis de Nassau, contaba ochenta y seis mil hombres, con un gasto mensual de un millón doscientos mil florines, sin contar atrasos y deudas. Era un dispendio que a Felipe II le resultaba imposible mantener si quería hacer frente al desafío de la flota turca, que había reconquistado Túnez y la fortaleza de La Goleta, y de nuevo se extendía por el Mediterráneo occidental. El rey de España, desalentado, comprendió por fin que no había dinero suficiente para intentar proseguir la lucha en dos frentes de tanta envergadura. «Creo que todo es tiempo perdido según como va lo de Flandes —escribió a su secretario privado, Mateo Vázquez—, que perdido aquello poco durará lo demás aunque haya dinero».

Aunque Luis de Nassau abrió un segundo frente al atacar Flandes desde el este, el doble avance de los tercios entre las provincias de Holanda y Zelanda, abrigo de los rebeldes, tuvo éxito. Requesens pensaba con razón que, si conquistaba Zelanda (las islas de la desembocadura común de los cuatro grandes ríos Rin, Escalda, Mosa y Lys), el resto de las provincias rebeldes caerían por sí solas. La ofensiva puso a los rebeldes contra las cuerdas. A Guillermo de Orange solo le quedaba la pequeña ciudad portuaria de Zierickzee, en la isla de Schouwen, la más exterior de la desembocadura, y la guerra parecía liquidada.

Entonces llegó la bancarrota de la hacienda real en ayuda de los rebeldes. El rey suspendió pagos, los banqueros suspendieron a su vez los créditos y los soldados dejaron de cobrar. Como se ha explicado, después de tomar Zierickzee los tercios se amotinaron y se dirigieron contra Aalst, cerca de Bruselas, que saquearon ferozmente. Luego, los amotinados emprendieron el saqueo de Amberes con tal crueldad que el suceso provocó un vivísimo rechazo, hasta el punto de que las provincias católicas entraron en tratos formales con los rebeldes y decidieron un alto el fuego y después un acuerdo que en la práctica suponía un tratado de paz, la Pacificación de Gante, sin contar con el rey. La victoria había estado al alcance de la mano, y no se consiguió por falta de dinero.

El ejército de Flandes se desintegró en agosto de 1576: de sesenta mil hombres teóricos, solo quedaban en noviembre once mil. Había perdido en ocho meses el ochenta por ciento de sus efectivos por muerte, enfermedad y deserción. España había enviado a Flandes ochenta mil hombres a lo largo de nueve años.

Don Juan de Austria (1576-1578)

Nombrado gobernador y capitán general en sustitución de Requesens, en noviembre de 1576 llegó a Flandes don Juan de Austria —que había

Imagen triunfal de Juan de Austria, hermano de Felipe II y vencedor de Lepanto, con el toisón de oro al cuello.

aceptado de mala gana el envenenado nombramiento— con un programa pacificador, aureolado por el triunfo de Lepanto. Proclamó un armisticio y despidió a sus tropas tras abonarles las pagas atrasadas, para lo cual debió pedir prestado y empeñar su propio crédito, además de poner cincuenta mil escudos de oro que le había entregado el papa Gregorio XIII. En abril de 1577, abonó los atrasos, licenció a los soldados, proscribió a los amotinados y los tercios abandonaron el país camino de Italia. La larga columna partió con familias y criados, enriquecidos muchos con el pillaje obtenido en los saqueos.

El alto el fuego y la retirada de los tercios envalentonó a Guillermo de Orange, que planeó incluso el asesinato de don Juan, que había quedado con una pequeña tropa a merced de los rebeldes. El hermano del rey tuvo que salir de Bruselas y refugiarse en la fortaleza de Namur, desde donde pidió inútilmente ayuda a Felipe II. En este callejón sin salida, con los tercios fuera del país, se produjo la heroica defensa del castillo de Gante, en la que —por mor de las circunstancias— se distinguió la esposa del coronel Mondragón. Cuando al fin se rindió el castillo, los sitiadores presentaron honores militares a la intrépida dama y a la escasa guarnición española superviviente. Otro hecho notable fue la resistencia del castillo de Utrecht, defendido por el centenar de españoles mandados por Francisco Hernández Dávila, quien no creyó auténtica la orden de Juan de Austria de que entregara la plaza. Desesperados, los sitiadores propusieron a los sitiados que enviaran un mensajero para entrevistarse personalmente con don Juan y comprobar la veracidad de la orden. Cuando finalmente llegó la confirmación, los cercados solo aceptaron la entrega del castillo si los atacantes lo ocupaban en nombre del rey de España. El último castillo flamenco en entregarse fue el de Amberes, después de que los defensores, que mandaba Sancho Dávila, recibieran una carta de Felipe II en la cual el rey les decía que «servían a un monarca a quien, por la grandeza de su Imperio, nunca faltarían guerras, ni por consiguiente, donde premiarles colmadamente». Sancho Dávila ya no volvería a Flandes, fue enviado a vigilar y proteger las costas andaluzas, continuamente atacadas por los berberiscos.

Ante el deterioro de la situación, don Juan de Austria pidió a los tercios acantonados en Italia que volviesen a Flandes, contra los deseos de Felipe II, que quería paz para combatir al Turco, pero terminó por aprobar la decisión de don Juan porque entretanto había firmado en agosto una tregua con el sultán. En septiembre los tercios emprendieron la marcha desde Italia, y a principios de 1578 regresaron veinte mil hombres encabezados por Alejandro Farnesio, sobrino de don Juan, al que acompañaban una cohorte de jefes curtidos, como Mondragón, Martinengo, Bernardino de Mendoza, Fernando de Toledo y Octavio Gonzaga. Eran todos veteranos maestres de campo, entre los que solo faltaba Julián Romero, que había muerto en Cremona, Italia, cuando preparaba a sus infantes para marchar de nuevo a Flandes. Con todos ellos, Juan de Austria —rotas ya abiertamente las hostilidades con Guillermo de Orange— comenzó la reconquista de Flandes a partir de cero. Los calvinistas volvieron a ser vencidos en Gembloux, entre Namur y Bruselas, y se cuenta que después de esa batalla, como don Juan reprendiera a Alejandro Farnesio por haberse arriesgado personalmente tanto en la lucha, ya que el rey lo había enviado a Flandes como general y no como soldado, Farnesio delante de la tropa le replicó que «no podía llevar el cargo de capitán quien valerosamente no hubiese hecho primero oficio de soldado».

Don Juan falleció a los dos años de gobierno, en octubre de 1578. Acabó sus días en un humilde barracón en ruinas de Namur, tras un prolongado delirio, dejando como su sucesor en el gobierno de Flandes (ratificado luego por el rey) a su sobrino Farnesio. No murió en combate, como siempre había deseado. La muerte le llegó a los 31 años, seguramente, por una epidemia de «tabardillo» o tifus exantemático, aunque hay autores que afirman que fue envenenado. No dejó testamento escrito puesto que nada poseía sino lo puesto. Su cadáver fue llevado a hombros de los soldados hasta la iglesia de Namur, y posteriormente los restos se depositaron en el monasterio de El Escorial, donde hoy reposan.

Flandes, enclave estratégico

Conservar Flandes no solo era una cuestión dinástica, religiosa o de prestigio político, sino que tenía implicaciones que afectaban a todo el dispositivo militar de la Monarquía Católica en Europa, y al propio papel de España como potencia hegemónica. El rey tenía en Flandes un gran enclave estratégico en el norte de Europa y una magnífica plataforma para mover su ejército contra Francia, los estados alemanes hostiles o la propia Inglaterra, según conviniera. En el ataque a Francia de 1596, por ejemplo, intervinieron desde Flandes cuatro tercios (casi cinco mil hombres con cuarenta y cuatro compañías), y el proyecto de la Armada Invencible hubiera sido impensable sin contar con la participación del ejército de Flandes como principal fuerza de desembarco en las costas inglesas.

La infantería en Flandes no solo se empleaba como tropa de choque escogida, sino como guarnición de presidios y fortalezas de importancia distribuidos por todo el país, como los castillos de Amberes, Gante, La Esclusa, Nieuport o Dunkerque. En muchos casos se trataba de lugares estratégicos tomados al enemigo, lo que hacía que los soldados hubieran de aplicarse en obras de reconstrucción de murallas, fosos y torreones.

El enemigo principal

Pese a la obstinada y bien dirigida resistencia de los calvinistas holandeses, que contaban con inacabables refuerzos recibidos desde el exterior, los mayores enemigos de los tercios en la guerra de Flandes fueron el clima y la geografía. Las provincias dominadas por los rebeldes constituían un territorio llano entrecruzado de ríos, canales, obras de drenaje, lagos unidos por estrechas lenguas de tierra, amplios estuarios y altos diques de protección contra las inundaciones, todo lo cual dificultaba enormemente el movimiento de la tropa y el choque de grandes contingentes en campo abierto, donde la disciplina y el entrenamiento de la infantería hispana podría haber asestado golpes decisivos. El cronista inglés Owen Feltham describe las provincias holandesas como «el gran pantano de Europa. No hay en el mundo marisma igual. Se trata, en resumen, de un absoluto tremedal... En realidad son el culo del mundo, lleno de venas y sangre, pero sin huesos».

Los holandeses, por otra parte, supieron sacar buen partido militar a esa ventaja natural. En muchas ocasiones, para socorrer a ciudades sitiadas —como ocurrió en Alkmaar en 1573 y en Leiden en 1574— su táctica consistió romper los diques y anegar el terreno circundante, con el doble fin de dejar aislados a los sitiadores y enviar por barco ayuda a la ciudad cercada. Cuando los españoles estaban a punto de reconquistar en 1576 las provincias de Zelanda, que eran el principal foco de resistencia de los rebeldes, esta vez fue el príncipe de Orange quien pensó, incluso, en una «solución final»: inundar la totalidad de esa parte de Holanda y embarcarse con sus habitantes hacia una nueva tierra, lo que da idea del paroxismo al que había llegado la lucha.

Jugaba también a favor de los holandeses el hecho de que las provincias norteñas, Holanda y Zelanda, son difícilmente atacables por tierra desde el sur, debido a los cuatro grandes ríos que desembocan en el mar por el mismo delta (Lek, Linge, Mosa y Waal), que lo convertían en un terreno casi intransitable en determinadas épocas del año. Una auténtica fortaleza acuática.

Para completar esta acumulación de obstáculos geográficos, gran parte de las ciudades de los Países Bajos situadas a lo largo de la costa del mar del Norte tenían sistemas de defensa y fortificaciones totalmente nuevos, con bastiones capaces de aguantar los bombardeos artilleros y mantener a raya a cualquier enemigo. Este sistema defensivo, inspirado en la ya mencionada «traza italiana», combinaba los muros de ladrillo bajos y muy gruesos (que absorbían los impactos mejor que la piedra) con bastiones poligonales fuertemente artillados y adelantados hacia las posiciones enemigas. Las ciudades así defendidas no podían tomarse por el simple asalto de la infantería antes de ser cercadas y bloqueadas hasta el agotamiento. Los analistas de aquel tiempo ya eran muy conscientes de las especiales características de las campañas flamencas.

En 1590, el cronista inglés *sir* Roger Williams, combatiente en esa guerra, escribió:

> Hemos de confesar que Alejandro, César, Escipión y Aníbal fueron los guerreros más valerosos y famosos que jamás hayan existido; sin embargo, tened por seguro (...) que nunca habrían conquistado naciones con tanta facilidad si estas se hubiesen fortificado como lo han sido desde entonces las de Alemania, Francia y los Países Bajos.

Pero las murallas de una ciudad dependen en última instancia del valor de sus defensores, y en ese sentido hay que reconocer que los rebeldes protestantes se batieron muy bien. Su desesperada resistencia se vio acrecentada, en buena medida, porque después de los saqueos de Malinas, Zutphen y Naarden, permitidos por el duque de Alba como «escarmiento», y las ejecuciones de Haarlem (muy criticadas por el cardenal Granvela, consejero del rey) muchas ciudades pensaron que recibirían igual tratamiento aunque se rindieran sin lucha, y eso obligó con frecuencia a los tercios a combatir en asedios muy prolongados, con gran desgaste de hombres, recursos y moral.

Los tercios en Portugal y las Azores (1580-1583)

Ese mismo año de 1578 murió en la batalla de Alcazarquivir el rey Sebastián de Portugal, cuyos derechos sucesorios recayeron en su tío Felipe II, al que se oponía don Antonio, prior de Crato. La muerte de don Sebastián de Portugal en suelo africano, acompañado de un tercio de veteranos soldados españoles que formaba parte de su ejército, abrió un nuevo escenario que llevó finalmente a Felipe II a la anexión de Portugal.

Dispuesto a tomar posesión de la corona lusitana, el rey español movilizó de nuevo a los tercios al mando del duque de Alba. En 1580 organizó en Extremadura un poderoso ejército con tercios de nueva creación y destacamentos procedente del sur de Italia. Un ejército de veinticinco mil infantes y dos mil jinetes, apoyado por la flota de Álvaro de Bazán, que había zarpado del golfo de Cádiz, entró en Portugal, arrolló a las tropas del prior y tomó Lisboa en el verano de 1580.

Felipe II fue jurado rey en las cortes de Thomar, pero el pretendiente don Antonio, ayudado por Inglaterra y Francia, y con el apoyo de una flota de sesenta buques oceánicos que mandaba el almirante florentino Filippo Strozzi (favorito de la reina madre de Francia, Catalina de Médicis), se refugia con sus partidarios en las islas Azores. Hacía allí navegó la armada de Álvaro de Bazán, secundado por el almirante Recalde, que obtuvo un triunfo definitivo en una batalla naval librada en las inmediaciones de la isla Tercera. Fue una victoria abrumadora en la que el Tercio de Lope de

Figueroa barrió a sus enemigos al abordaje, y que se remató al año siguiente con un desembarco de la infantería española en la mencionada isla, aunque el prior de Crato pudo escapar.

La institucionalización de la guerra de Flandes

El intento de Felipe II de combatir a Francia sin acabar la guerra de Flandes fracasó, pero el monarca español era consciente de que su principal enemigo en Europa estaba más en París que en Ámsterdam. Nuevos tercios llegaron a Flandes desde Italia, y en 1593 se firmaron treguas con Francia. Al año siguiente Mauricio de Nassau ocupó Groninga. En 1595 Enrique IV de Francia declaró la guerra a España, hasta que tres años después se firmó la paz de Paz de Vervins. En 1598 los tercios entraron en Alemania para asegurar que no cayeran en manos enemigas los ducados de Cleves y Jülich, claves para el acceso a Flandes desde Europa Central.

A fines del siglo XVI la guerra de los Países Bajos estaba cambiando y se institucionalizaba en cierto modo. Se hizo general la práctica de rescatar a los prisioneros de ambos bandos. La frontera de las provincias rebeldes y leales se estabilizó y la contienda se hizo más limitada; dejó de ser el caos de todos contra todos para parecerse más a una guerra fronteriza. En estos años (1598 a 1602) el ejército de Flandes pasó su peor época porque las malas cosechas de España, unidas a la peste, habían reducido las posibilidades de recluta en la Península, al causar la muerte de un ocho por ciento de la población; las mayores necesidades de soldados se produjeron en un momento de aguda crisis demográfica. España luchaba en más de media docena de frentes: Languedoc, Inglaterra, Lombardía, Franco-Condado, en el Océano, contra los berberiscos y en los Países Bajos; y no había soldados. Se hizo preciso reclutar tropas de otras naciones porque cada vez había menos españoles. Por suerte, Felipe III, aconsejado por su valido el duque de Lerma, lograría hacer paces con casi todos los enemigos de la corona entre 1598 y 1608, y eso dio un respiro a la exhausta hacienda española.

Entre 1582 y 1600, entraron en Flandes el Tercio de Figueroa, dos tercios mandados por Bobadilla y los tercios de Iñiguez, Manrique, Zúñiga, Queralt, Ginebra, Velasco y Mexía. En total, cerca de veinte mil hombres

TERCIOS DE ESPAÑA

HECHOS DE ARMAS

s.XVI-s.XVII

ISLANDIA
IRLANDA
OCÉANO ATLÁNTICO
ARMADA INVENCIBLE
LA A
CORUÑA
LAREDO
ISLAS AZORES
TERCEIRA
PORTUGAL
ESPAÑ
MADRID
TOLEDO
LISBOA
LARACHE
VÉLEZ
ALCAZARQUIVIR
LA MAMORA

Enseña de Carlos I
Cruz de San Andrés
Reino de Dinamarca
Holstein Bremen
Alkamar - 1573 -
Haarlem - 1572 -
Leiden - 1574 -
Breda - 1625 -
Países Bajos
Jülich - 1621 -
Munster
Colonia
Mons - 1572 -
Maastricht - 1579 -
Alost 1576
Gravelines - 1558 -
Amberes 1584
Gembloux - 1577 -
Nieuport - 1600 -
Amiens
San Quintín - 1557 -
Rocroi - 1643 -
Metz
Lorena
Palatinado
Gemmingen - 1568 -
Mock - 1574 -
Mühlberg - 1547 -
Polonia
Viena
Transilvania
Austria
París - 1590 -
Alsacia
Nordlinger - 1634 -
Tirol
Franco Condado
Besancon
Francia
Ginebra
Milán
Pavía - 1525 -
Saboya
Génova
Castelnuovo
Caballeria Ligera Albana
Saqueo de Roma - 1527 -
Barcelona
Nápoles
Lepanto - 1571 -
Sicilia
Argel
Túnez - 1535 -
Malta
la Goleta
Las Kerkenes
Dyerba (Gelves)
Mar Mediterráneo

Hechos más notables

Bicoca 1522
Pavía 1525
Túnez 1535
Mühlberg 1547
San Quintín 1556
Gravelinas 1558
Gemmingen 1568
Lepanto 1571
Asedio de Haarlem 1572
Asedio de Alkmaar 1573
Batalla de Mock 1574
Motín de Amberes 1574
Motín de Alost 1576
Batalla de Gembloux 1577
Asedio de Maastricht 1579
Asedio de Amberes 1584-85
La Armada Invencible 1587
París 1590
Sitio de Amiens 1597
Sitio de Ostende 1601-1604
Asedio de Jülich 1621
Asedio de Breda 1625
Nordlingen 1634
Honnencourt 1635
Rocroi 1643

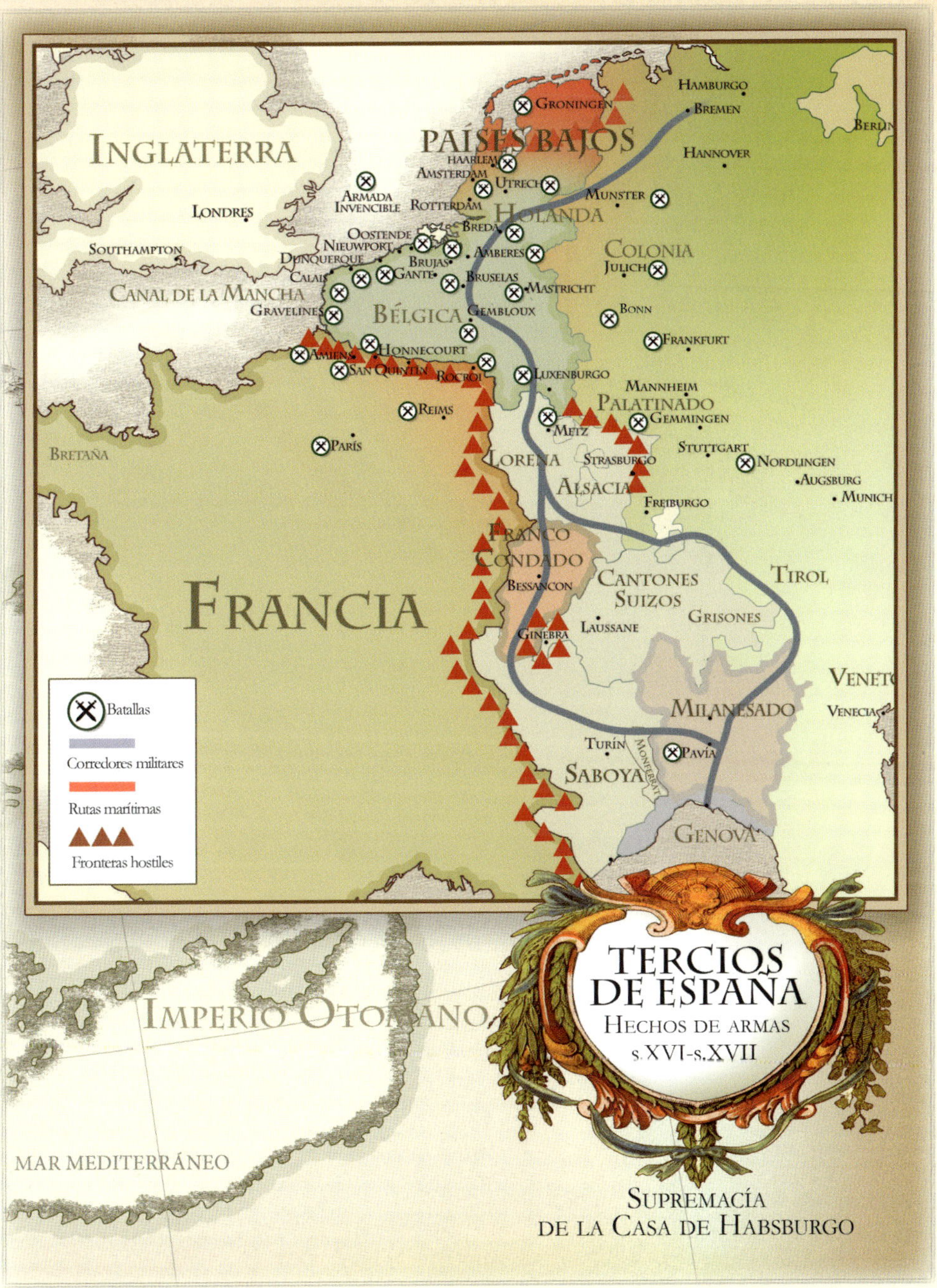

El Camino Español

La gran marcha del ejército del duque de Alba en 1567 inauguró el Camino Español, la vía que aseguraba el eje estratégico España-Italia-Flandes, columna vertebral de la hegemonía hispana en Europa.

El capitán nombraba a un alférez que se convertía en el abanderado de la compañía.

La cruz roja de San Andrés era el distintivo de la infantería española de los tercios.

Alabardero, abanderado y arcabucero, tres figuras comunes en los tercios.

En el campamento los soldados realizaban actividades continuas que iban desde las guardias al aprovisionamiento, la limpieza de armamento y los ejercicios. En primer plano, una tienda con el distintivo real.

Los soldados de los tercios tal como los vio en la realidad el pintor flamenco Peter Snayers (1592-1666), que reprodujo las batallas más importantes de la guerra de los Treinta Años.

Tapiz de las colecciones reales que representa una revista de tropas en la playa de Barcelona.

Morrión ricamente labrado. Formaba parte del equipo defensivo de piqueros y arcabuceros, pero no de los mosqueteros, que lo sustituyeron por el sombrero chambergo.

Maniobras de despliegue de los tercios. Las formaciones tenían por objetivo maximizar la protección de los infantes con la capacidad ofensiva de sus armas. Carducho.

Marcha en formación cerrada hacia la ciudad de Brisach,
muy disputada durante la guerra de los Treinta Años.
Carducho.

Socorro de Génova. Óleo de Antonio Pereda (1611-1678) en el Museo del Prado que representa la liberación por Álvaro de Bazán de la ciudad de Génova, tradicional aliada de España, ocupada por las tropas de Saboya. Son notables las ricas armaduras de los soldados y jefes que acompañan al general español.

Enseñas históricas de la infantería de marina española. Se corresponden con las de los tercios embarcados.

Socorro de Puerto Rico. En el cuadro de Caxés puede verse a los soldados españoles desembarcando en esa isla para hacer frente a las incursiones piráticas que asolaban el Caribe.

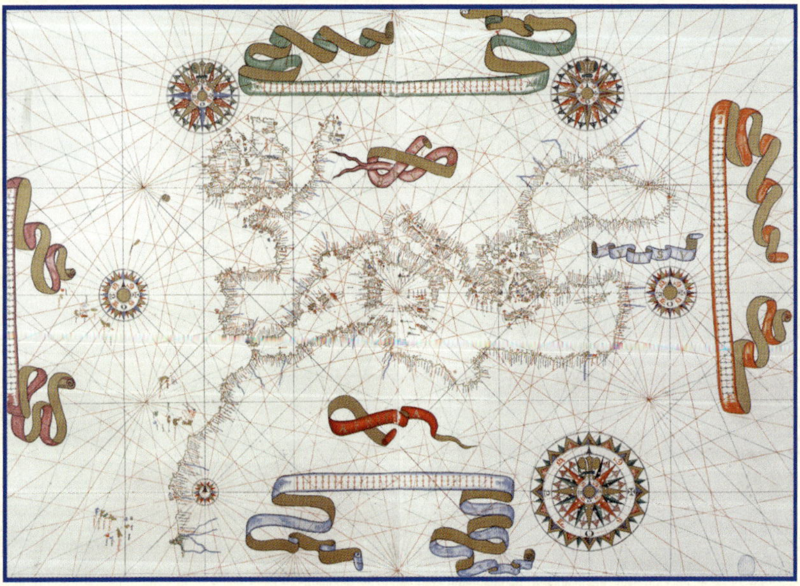

Mapa de Europa y Oriente Próximo en tiempos del emperador Carlos V. Un mundo en que los intereses españoles, franceses, ingleses, alemanes y turcos chocaban constantemente.

El emperador Carlos en la jornada gloriosa de Mühlberg. Tiziano.

El príncipe de Nassau.

Mapa italiano del siglo XVI en el que se representa con mucho detalle la península ibérica.

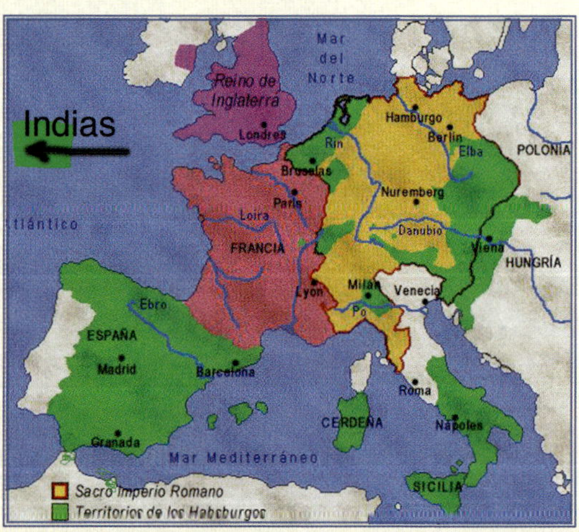

La Europa de principios del siglo XVI, con las posesiones de los Austrias.

El maestre Antonio Arias de Soto. Colección Palacio del Senado.

El maestre Sancho Dávila. Colección Palacio del Senado.

El capitán Fernando de Vela posando con sus mejores galas. Colección Palacio del Senado.

La Batalla de Lepanto

7 de octubre de 1571

La Armada aliada estuvo al mando de don Juan de Austria, secundado en la armada española por Álvaro de Bazán, Luis de Requesens y Gian Andrea Doria, mientras que la veneciana iba capitaneada por Sebastián Veniero y la pontificia por Marco Antonio Colonna. Entre todos reunían más de 200 galeras, 6 galeazas y otras naves auxiliares.

En las galeras turcas había menos hombres de guerra que en las cristianas, gracias a la previsión de Don Juan de embarcar tropas españolas en las galeras venecianas lo cual dio una amplia ventaja al bando aliado al tratarse de un combate en el que la infantería seria una de las notas predominantes.

Los cristianos usaban arcabuces, mientras que los turcos preferían las flechas. Consideraban que en el tiempo de cargar un arcabuz un arquero podía disparar treinta flechas. Pero ni los daños, ni el alcance, ni la puntería eran comparables.

Golfo De Venecia

Lanna
IMPERIO
OTOMANO
Enello
Galato
Griffa
Lepanto
ONIA
GOLFO DE LEPANTO
Patras
Sición
Corin
Cefalonia
Argos
Megalópolis
MOREA
Larcadia
GOLFO
DE LARCADIA
MAR
MEDITERRÁNEO

El archiduque Alberto.
Peter P. Rubens.

El duque de Enghien.

Isabel Clara Eugenia, hija de Felipe II e Isabel de Valois.
Peter P. Rubens.

Interpretación de la Batalla de Lepanto, pintada por Juan Luna.
Palacio del Senado, Madrid.

Álvaro de Bazán.

El duque de Feria dirige el socorro de Constanza.

El maestre de campo Julián Romero.
El Greco.

Ambrosio de Spínola, conquistador de Breda y Ostende, que a punto estuvo de conseguir la victoria total en Flandes.
Peter P. Rubens

Alejandro de Farnesio, sucesor de don Juan de Austria en el gobierno de Flandes.
Otto Vaenius.

La rendición de Breda vista por Velázquez en el célebre cuadro de *Las lanzas*. Museo del Prado.

Felipe III. Velázquez.

Leyenda
Técnicas y Defensas

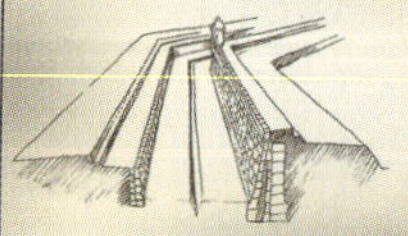

DEFENSAS

El bastión fue desarrollado a finales del siglo XV en Italia como parte de la llamada traza italiana y se expandió por toda Europa a principios del siglo XVI.

Consiste en un reducto fortificado que se proyecta hacía el exterior del cuerpo principal de una fortaleza, situado generalmente en las esquinas de los muros. El diseño del bastión y el hecho de que sobresalga del cuerpo de la fortaleza permite cubrir los otros bastiones y los muros de cortina con fuego cruzado.

El bastión era utilizado como plataforma de artillería, lo que obligaba al asaltante a situar sus baterías de artillería más lejos de los muros, disminuyendo de esta manera su efectividad.

ATACANTES

Planear y mantener un asedio es tan difícil como defenderlo. El ejército que asedia debe estar preparado para repeler tanto las salidas del área asediada como cualquier ataque que intente librar la posición desde el exterior. Por eso era habitual construir líneas de trincheras y defensas en ambas direcciones.

EL ASEDIO
S. XVI-XVII

Carlos II, último monarca de la casa de Austria, en cuyo reinado se acentuó el declive español en Europa. Su muerte sin descendencia desencadenó la guerra de Sucesión, en la que España estuvo a punto de ser desmembrada.

Felipe V, nieto de Luis XIV de Francia, que inauguró la dinastía borbónica en España y decretó la transformación de los tercios en regimientos.

Don Fernando de Austria, hermano de Felipe IV y mágnifico general de los tercios.

de tropas experimentadas, a los que se añadieron las cincuenta y seis compañías que llevó a Flandes el archiduque Alberto, más otras treinta y siete de la Armada del Mar Océano y los supervivientes de la empresa contra Inglaterra que acabaron en Flandes. A la vista de estos datos, el historiador militar Julio Albi calcula que en esos dieciocho años se enviaron a los Países Bajos unos treinta mil soldados de refuerzo y que todos se consumieron allí, puesto que el número de efectivos en 1600 era aproximadamente igual que en 1582. Esto da una media de mil quinientas bajas por año, equivalentes al número «real» de hombres de un tercio medio, casi siempre bastante por debajo del número ideal teórico. En Flandes se perdieron en esos años el equivalente a dieciocho tercios, pérdidas muy elevadas que dan idea de la brutalidad de los combates. En el sitio de Bommel, en menos de un mes, el Tercio de Coloma, por ejemplo, se quedó casi sin la cuarta parte de sus efectivos: alrededor de cuatrocientos veintisiete hombres.

Ambrosio de Spínola (1603-1621)

Entre 1597 y 1606 todas las campañas de Flandes se vieron obstaculizadas por los motines, hasta el punto de que un grupo de ellos, españoles, llegaron a entregar dos fuertes al enemigo a cambio del cobro de sus atrasos. De esta época data también el motín de Hoogstraten, el más largo de la guerra. Paralelamente, la Paz de Vervins, que liquidó la guerra con Enrique IV, había dado a Francia la posibilidad de estrangular el Camino Español, la ruta que nutría de soldados los tercios de Flandes, y España tuvo que procurarse nuevas vías más al este, por el territorio suizo de la Valtelina y el austriaco del Tirol, para progresar luego desde el sur de Alemania hasta Alsacia y Lorena.

Estas dificultades pudieron ser soslayadas durante largo tiempo por un hombre excepcional que llegó por esa época (1603) a Flandes: Ambrosio Spínola, heredero de una familia de banqueros genoveses, cuya verdadera vocación era ser general español. Al poco de arribar, pagó al ejército y logró la rendición de Ostende después de un asedio que se arrastraba desde tres años atrás (1604). Spínola pasó el invierno de 1604-1605 en Madrid y fue agasajado en la corte y premiado con el marquesado de los Balbases, además de ser nombrado comandante en jefe del ejército de Flandes y superintendente del Tesoro, lo cual le daba el control sobre los tercios y el dinero de las pagas. Ansioso de triunfos, prosiguió la guerra en el norte de Flandes y ocupó las importantes fortalezas de Wachtendonck, Lingen y Oldenzaal. Tras estos logros, regresó otra vez a la corte en 1606, donde le fueron otorgados nuevos poderes para sus planes de invadir el corazón de las provincias rebeldes. La campaña no resultó tan exitosa como Spínola esperaba, pero la muerte de la reina Isabel I, enemiga acérrima de España, había cambiado las cosas, y en 1604 se firmó la paz con Inglaterra. Esto supuso un duro golpe para los rebeldes holandeses, puesto que no solo les privaba del apoyo inglés, sino que permitía a España enviar directamente por mar tropas a Flandes a través del canal de la Mancha, e incluso reclutar voluntarios en las Islas Británicas. Spínola superó las fortificaciones fronterizas que los holandeses habían construido en 1605 y 1606, y los tercios cruzaron fácilmente el Mosa para ocupar varias ciudades holandesas con la intención de forzar la paz. En 1606 se iniciaron las negociaciones que culminaron en 1607 con un armisticio provisional.

La Tregua de los Doce Años

No obstante, el gobierno de Madrid había llegado a tal grado de agotamiento financiero que autorizó al archiduque Alberto a entablar negociaciones de paz con los rebeldes flamencos, lo que se concretó en 1609 con la llamada Tregua de los Doce Años, firmada en Amberes. La paz, que reconocía de hecho la independencia de las provincias de los Países Bajos en poder de los calvinistas, coincidió con un edicto del archiduque Alberto, gobernador de Flandes, que penalizaba a todos los que se hubieran amotinado alguna vez durante los diez años que él llevaba mandando. La orden daba un mes a esos soldados para abandonar el país, y especificaba que, de no hacerlo, pasaban a ser proscritos, con su cabeza a precio. La mayoría de estos antiguos amotinados, sobre todo por la falta de dinero, no pudieron salir de Flandes en tan breve plazo, y eso costó la vida a muchos, que fueron perseguidos por la justicia y por los propios flamencos para cobrar la recompensa.

Por tercera vez fue desmovilizado el ejército de Flandes, y en los Países Bajos se dejó de combatir hasta 1619. Fue una época de prosperidad, bajo sus nuevos soberanos, que, desgraciadamente, no tuvieron descendencia. Los Países Bajos y su problema civil y religioso retornaron a la corona de España.

En 1621 murió el archiduque Alberto, y su esposa Isabel Clara Eugenia continuó diez años más en el gobierno, pero no ya como soberana sino como gobernadora en nombre de Felipe IV. Durante este periodo, los tercios volvieron a cruzar los grandes ríos, pero esta vez no marchaban contra los holandeses sino para entrar en Alemania, donde la muerte sin sucesión del duque de Cleves y Jülich había despertado la codicia de los príncipes alemanes. A primeros de 1614, los tercios españoles, en vanguardia de las fuerzas del ejército de Flandes, conquistaron cincuenta y cinco ciudades y fortalezas de ambos ducados.

El archiduque Alberto e Isabel Clara Eugenia, soberanos de los Países Bajos. En 1609 se firma la Tregua de los Doce Años.

La guerra de los Treinta Años (1618-1648)

La paz duró hasta 1618, cuando la sucesión en el reino de Bohemia dio origen a la terrible guerra llamada de los Treinta Años. En 1619 España envió los tercios en apoyo del emperador: un ejército marchó desde los Países Bajos a Bohemia, origen del conflicto; otro fue desde Lombardía a Alsacia, y un tercero entró en Alemania a ocupar el Palatinado, un principado de Alemania occidental que había sido muchas veces fuente de conflicto con los españoles, porque se hallaba en la ruta entre Flandes e Italia. En 1620 pasaron los últimos tercios por el Camino Español; se perdió Alsacia y quedaron definitivamente cerrados los corredores de acceso a Flandes en la cuenca del Rin. Ese año los tercios de Spínola, que combatían a favor del bando imperial católico, emprendieron una campaña en Alemania occidental y en solo seis meses se apoderaron de treinta plazas fuertes a uno y otro lado del Rin. Un año después murió el archiduque Alberto, y Flandes volvió a formar parte de la corona hispana, en momentos en que la Tregua de los Doce Años expiraba y se presagiaba inminente la reanudación de la guerra. No se renovó la tregua, y a falta de españoles, que no podían llegar por mar ni tierra, los valones (belgas de lengua francesa) pasaron a ser la nación más numerosa del ejército de Flandes, aunque sin llegar a cubrir todas las necesidades defensivas.

De nuevo se abrieron las hostilidades, y en 1624 Spínola conseguía rendir la ciudad de Breda, cuyas fortificaciones se habían juzgado invencibles en la época, tras un sitio inmortalizado en un famoso lienzo de Velázquez (a quien probablemente llevó a Flandes el propio Spínola) y un drama de Calderón. La caída de Breda no tuvo grandes consecuencias estratégicas, y los barcos holandeses continuaron atacando y saqueando las posesiones hispano-lusas en el Nuevo Mundo.

Ese mismo año cayó en manos holandesas la ciudad de Bahía, en Brasil, pero la reacción no se hizo esperar. En España y Portugal se reunió una gran flota de cincuenta navíos en la que se embarcaron doce mil soldados, con unidades de los tercios al mando de Fadrique de Toledo. La flota llegó a Bahía en marzo de 1625, y los holandeses capitularon un mes después con la condición de ser repatriados. A la rendición se añadió el hundimiento o captura de dieciocho de sus barcos, y la pérdida de doscientos sesenta cañones. Para España fue una victoria terrestre y naval en toda regla que se vio ampliada ese mismo año cuando una flota anglo-holandesa de casi cien buques y doce mil hombres a bordo intentó tomar Cádiz. Los atacantes sufrieron un desastre absoluto y perdieron más de la mitad de las naves y de la fuerza embarcada.

En España, el conde duque propuso al nuevo rey Felipe IV la Unión de Armas para aliviar el esfuerzo bélico que Castilla llevaba prácticamente en solitario, de modo que cada reino de la Monarquía Católica aportara su propio contingente a la defensa común. Al contrario que en Francia, en España era una novedad que rompía con los derechos tradicionales de los reinos y que provocaría intenso malestar y sublevaciones. Entretanto, Inglaterra y Dinamarca acudieron en apoyo de los holandeses; una expedición inglesa desembarcó en Cádiz, pero fue rechazada. En 1628 los holandeses capturaron en América la flota de la plata, pero al año siguiente ingleses y daneses pidieron la paz. En Lombardía, la muerte del duque de Mantua encendió un nuevo escenario de guerra que se prolongaría dos años (1628-1630) y en el que España también se vio envuelta.

Al reanudarse las hostilidades entre España y las Provincias Unidas en 1621, cuando expiró la Tregua de los Doce Años, el ejército holandés (en realidad un conglomerado de calvinistas franceses, holandeses, alemanes, ingleses, valones, escoceses y suizos) constituía una fuerza temible, porque era el más disciplinado, mejor pagado y equipado de Europa. Dirigido por el príncipe Federico Enrique de Orange, sucesor de Mauricio de Nassau, llegó a tener más de setenta mil hombres. Un nuevo enfrentamiento con Francia en el norte de Italia a causa de la guerra de Mantua redujo los efectivos españoles en los Países Bajos de tal manera que, a partir de entonces, los tercios se vieron obligados a luchar en franca minoría, con la acechante bancarrota de las finanzas reales siempre en el horizonte. La guerra de Flandes iba resultando imposible de mantener entre otras cosas porque la economía y la demografía españolas no estaban a la altura de sus capitanes y soldados.

La ordenanza de 1632

La sublevación de los moriscos que siguió al decreto de expulsión en tiempos de Felipe III y la penuria, por no decir inexistencia, de efectivos armados en el interior obligaron a traer a la Península tercios viejos de Italia y a formar en España tercios nuevos con carácter temporal, a los que se dio una normativa general el 28 de junio de 1632; posteriormente se añadieron otras disposiciones de carácter más limitado, en 1633 y 1685, y una reforma en 1698.

La ordenanza de 1632 fue la regulación más amplia de cuantas se impusieron a los tercios. Recogía algunas normas anteriores que apenas se aplicaban y cubrían casi todos los aspectos de la vida militar, desde la organización a la disciplina, pasando por los ascensos y los movimientos tácticos. La norma estaba dirigida a restablecer el poderío de estas unidades, que se había desgastado paulatinamente y se consideraba rebajado en relación con épocas anteriores. Algo que venía de lejos si consideramos que el tratadista Marcos de Isaba ya había publicado en 1594 un libro significativamente titulado *Cuerpo enfermo de la milicia española*, donde no ahorra los aspectos negativos, y al que siguió en 1596 otro no menos indicativo de Sancho de Londoño: *Discurso sobre la forma de reducir la disciplina militar a mejor y antiguo estado.*

En el aspecto orgánico, la única modificación en la plana mayor del tercio es la creación de la figura del capellán mayor, con autoridad sobre el resto de los capellanes, que debe ser «presbítero y no fraile», al que se asigna un buen sueldo de veinticinco escudos, semejante al de un sargento o barrachel mayor, y doble que el de los capellanes de rango inferior. Hasta entonces, toda compañía tenía un capellán, pero no existían los capellanes mayores. En el aspecto militar, la ordenanza de 1632 prohíbe la creación de nuevos tercios de españoles en el extranjero y deja en tres los de guarnición en Italia, con quince compañías de doscientas plazas: setenta piqueros, noventa arcabuceros y cuarenta mosqueteros. En cuanto a los tercios de nueva formación en España, establece que deben tener doce compañías de doscientos cincuenta hombres: noventa piqueros, ochenta y nueve arcabuceros y sesenta mosqueteros, lo que supone una potencia de fuego mayor, aunque —como siempre— la realidad convertiría estas cifras en puramente nominales.

Los sueldos quedaron establecidos según la siguiente escala: capitán: cuarenta y cuatro escudos; alférez, dieciocho; sargento, ocho; furriel, seis; barbero, seis; tambor, seis; capellán, doce; y cabo, tres. Los coseletes y arcabuceros ganaban un escudo más de ventaja ordinaria, y los mosqueteros, tres. Además, el capitán disponía de treinta escudos de ventaja para repartirlos del modo que creyera conveniente entre sus hombres. Los retrasos en la paga, sin embargo, continuaron siendo frecuentes. Para los ascensos, la ordenanza establecía un sistema de antigüedad calificada, con el criterio realista de que «ninguna cosa anima más a los hombres que la esperanza de un premio». Para ascender de cabo a sargento se requerían cuatro años continuados de campaña o seis interrumpidos, lo mismo que para llegar a alférez, aunque el capitán se reservaba el derecho de elegir a este último, que era segundo en el mando de la compañía, siempre que contara con el periodo de servicio requerido. Los capitanes debían tener diez años de soldado, o seis de soldado y tres de alférez.

El valor en combate se recompensaba a los oficiales con ventajas perpetuas de hasta diez escudos, y a los cabos o soldados, con cadenas de oro de cincuenta a doscientos escudos. La normativa también resolvía que los cargos superiores pudieran dar órdenes a los inferiores sin distinción ni diferencia de naciones, y en igualdad de cargos se otorgaba preferencia a los españoles, aunque estos no estaban autorizados a mandar sobre extranjeros de grado superior. A cambio de este privilegio que los españoles tenían en los tercios sobre el resto de los hombres, sus unidades ocupaban siempre los puestos más comprometidos o de mayor peligro. En los despliegues, el ala derecha de la primera línea, que era el lugar preferente, se les adjudicaba a ellos, salvo que se pensara que el peso del combate iba a estar en otra parte. En las marchas de aproximación, también iban en vanguardia y, ante un choque inesperado con el enemigo, eran enviados inmediatamente al lugar de la lucha, pasando por delante de otras fuerzas más cercanas al mismo.

En el capítulo de los castigos, la ordenanza mantiene la prohibición de penas afrentosas, excepto para la traición y el hurto. Los capitanes no tienen derecho de vida o muerte sobre el soldado, salvo en caso de traición flagrante, pero en todo lo que respecta a la justicia el maestre de campo es el juez. Por abandonar la unidad se establecían seis años de galeras, y si el abandono era para servir en otro ejército, aunque no fuera enemigo, se castigaba con la muerte.

Las penas debían ejecutarse en el momento en que los desertores fueran hallados, sin que valiesen prescripciones ni indultos. La penuria de hombres, sin embargo, flexibilizaba con frecuencia la aplicación de esta normativa, sobre todo entre los soldados que combatían en Flandes o en Italia. La ordenanza creaba también un «protector» de los soldados, con residencia en Madrid, cuya misión era ayudarles en sus pretensiones y problemas personales, muchas veces relacionados con los casamientos.

Cuando las cosas empezaron a ir mal a mediados del siglo XVII, se recurrió a la creación de los tercios fijos, que, a diferencia de los móviles, eran los situados fuera de España para intervenir donde la guerra lo exigiera. La medida se adoptó el 20 de agosto de 1633 y fue firmada por Felipe IV tras consulta al Consejo de Estado. Se constituyeron cuatro tercios fijos, de mil hombres cada uno, en Madrid, Toledo, Sevilla y el resto de Andalucía. La intención era que los costeasen las provincias. Además, el monarca ordenó que los virreyes de Italia y de Aragón mantuviesen tercios en cada uno de esos reinos.

El hermano del Rey

Poco después de la ordenanza de 1632, la situación bélica de España cambió radicalmente. Al fallecer en 1633 Isabel Clara Eugenia, que gobernaba en nombre del soberano español los Países Bajos meridionales (Bélgica y Luxemburgo), y apartado del mando de los tercios Ambrosio de Spínola, por celos del conde duque de Olivares, Felipe IV envió de gobernador a Flandes a su hermano Fernando.

El cardenal-infante don Fernando de Austria se reveló un excelente jefe militar. Concentró su ejército en Lombardía y, al encontrar cerrados los caminos para llegar a Flandes, se abrió paso por Alemania en 1634. Los tercios vencieron al ejército sueco y de los príncipes protestantes alemanes en Nördlingen (1634). Con esa victoria, don Fernando se convirtió en el héroe de la Europa católica y entró en Bruselas en la primavera de 1635 en medio de aclamaciones.

Ese año Francia declaró la «guerra total» a España, y esta vez ni los hombres ni los recursos económicos fueron suficientes para recobrar la iniciativa estratégica. El enfrentamiento con Francia no solo desbarató cualquier posibilidad de lograr una tregua con los holandeses, sino que Fernando de Austria tuvo que mantener cinco años de continuas campañas contra los franceses en varios escenarios. El príncipe Federico Enrique de Orange reconquistó Breda (1637), que nunca volvió a recuperarse y que hoy sigue formando parte de Holanda. El ejército que retomó la plaza estaba compuesto por regimientos ingleses, franceses y holandeses. De acuerdo con los términos de la rendición, los soldados españoles, valones y borgoñones que defendían la ciudad la abandonaron llevándose sus armas, banderas y bagajes. Habían tenido mil quinientas bajas, por dos mil cuatrocientas de los atacantes. En 1638, cuando el cardenal-infante intentaba tomar Amberes tras derrotar en Caloo a Guillermo de Nassau, tuvo que marchar contra París. La imposibilidad de salvar la ciudad de Arrás, sitiada por un ejército de treinta mil franceses, llenó de amargura a este gran general, que murió a finales del nefasto año de 1640, víctima de unas fiebres malignas.

Desde 1635, año en que Francia invadió Lombardía, la corona española tuvo que defenderse en muchos frentes: Vascongadas, Navarra, Cataluña, Piamonte, Lombardía, Alsacia y Países Bajos. La guerra se prolongó hasta la Paz de los Pirineos de 1659; fueron veinticuatro años de lucha casi ininterrumpida con Francia en los cuales España tuvo que afrontar por añadidura la insurrección de Cataluña (1640-1652) y la guerra de independencia de Portugal (1640-1668). En 1639 terminó también la comunicación marítima con Flandes, cuando dos escuadras españolas sucesivas, una de mil quinientos hombres y otra de catorce mil, fueron aniquiladas por los holandeses. En 1643 los tercios españoles sufrieron tres mil bajas en Rocroi, pero la guerra aún duró catorce años más. En la Paz de Westfalia (1648) la corona de España renunció definitivamente a las Provincias Unidas de Holanda, y la Paz de los Pirineos de 1659 estableció la frontera actual con Francia, si bien no fue una reconciliación definitiva. Ese año se produjo la cuarta desmovilización del ejército de Flandes, cuyos efectivos decrecieron rápidamente hasta once mil hombres. Finalmente, el Tratado de Lisboa de 1668 puso fin a la interminable guerra de Portugal, que obtuvo definitivamente su independencia.

Los tercios nuevos

Las sublevaciones de los moriscos, las insurrecciones secesionistas catalana y portuguesa, y la permanente agresión berberisca en el litoral mediterráneo hicieron que —por primera vez en muchos años— el propio territorio peninsular tuviera frentes internos abiertos. Se rompió así «la paz natural que España gozaba en el interior, envidiada de otras naciones». El estallido de las rebeliones de Portugal y Cataluña en 1640, unido al enfrentamiento con Francia en el norte de Italia, generó una gran necesidad de soldados que la exhausta demografía española ya no podía suministrar. Resulta innegable que esta carencia de hombres, acentuada por la emigración a América y un siglo de guerras casi continuas, fue una de las causas principales de la derrota del empeño imperial hispano, y desde 1635, cuando se inicia la guerra abierta y total con Francia, obligó a tomar medidas excepcionales ante la insuficiencia de los métodos habituales de recluta. En 1647 llegaron a reclutarse luteranos de Hamburgo, y en 1649, holandeses, algo impensable en décadas anteriores.

A las guerras abiertas se añadía la constante sangría causada en las costas españolas por las acciones de la piratería turca y berberisca, estimulada por los cuantiosos rescates de cautivos y la escasa defensa que las poblaciones podían oponerle. Los corsarios berberiscos no solo infestaban las costas de Mediterráneo, sino que extendieron sus correrías por Galicia y toda la cornisa del Cantábrico. El sur de la provincia de Cádiz no tenía más poblaciones litorales que Gibraltar y Tarifa, y las provincias de Almería, Murcia y el sur de Alicante apenas contaban con pueblos habitados en la costa por la amenaza pirática procedente del norte de África.

Como los tercios radicaban fuera de España, hubo que hacer frente a la crisis con fuerzas improvisadas de nuevo cuño que no dieron buen resultado y acabaron por desaparecer. Su creación solo se explica por la agobiante falta de efectivos y por el deseo de implicar a la nobleza (cuyas virtudes militares habían menguado notablemente) en la defensa total del país, pero significaban una vuelta atrás, con sistemas de reclutamiento medievales. La penuria de hombres para hacer frente al cúmulo de necesidades bélicas también se trató de paliar con la formación de tercios, a base de voluntarios y milicias locales. Eran unidades que se disolvían al terminar cada campaña, a veces de muy escasa duración, integradas con frecuencia por gente indeseable, sin utilidad como soldados, incorporada a filas a la fuerza, con lo que proliferaron las deserciones, pero que en algunas ocasiones dieron buen resultado, como en el rechazo del desembarco inglés en Cádiz.

Como esos tercios de corta vida eran de escaso valor militar, y los tercios veteranos eran insuficientes para cubrir todos los frentes, en 1637 se crearon otros cinco tercios, llamados provinciales, que tenían mil doscientos once hombres distribuidos en doce compañías. Estas unidades —aunque también de carácter temporal— utilizaron a antiguos soldados y oficiales retirados, y dieron mucho mejor resultado, llegando a constituir el cuerpo principal del ejército peninsular. Como resultado, en 1663 estos tercios provinciales, que eran cinco al principio, pasaron a ser permanentes. Estaban compuestos de mil hombres y dieciséis compañías, y su mantenimiento se asignó a las provincias. Nunca alcanzaron a completar sus plantillas, pero su rendimiento fue bueno y terminaron siendo el componente más numeroso de la infantería peninsular española, junto a otras fuerzas para la defensa local que también se organizaron en Navarra, Cataluña, Galicia y Andalucía.

En los tercios viejos, cada vez más mermados, desaparecían los curtidos veteranos que habían sido su columna vertebral, sustituidos por bisoños que apenas disponían de tiempo para formarse, y eso, junto a la progresiva falta de recursos, fue restando eficacia a las legendarias unidades a partir de la segunda mitad del siglo XVII.

El final de los tercios

El reinado de Carlos II estuvo marcado por cuatro guerras con Francia, 1667-1668, 1673-1678, 1683-1684 y 1688-1697, en los escenarios de Cataluña, Flandes y Luxemburgo. Impuestas desde fuera en un reinado en el que se hacía patente el agotamiento de la sociedad española, dieron motivo sin embargo a una multitud de espléndidas acciones militares, que son hoy totalmente desconocidas, por cuanto se produjeron en un momento histórico carente de atractivo, si bien revelan a pesar de ello que los tercios mantenían su protagonismo y su altísima capacidad operativa, como lo demostraron en la defensa de Luxemburgo, a fines del siglo XVII.

Entretanto, la guerra había cambiado mucho. El empleo de las grandes formaciones, con tanto fondo como frente, era cada vez más costoso en bajas a medida que las armas de fuego en general, tanto la artillería como las portátiles, se hicieron más ligeras, de mayor alcance y más precisas y capaces de hacer más disparos consecutivos. La pica perdió importancia hasta llegar a desaparecer, sustituida por la bayoneta, un largo pincho triangular que se introducía en el tubo del arcabuz o mosquete y que, más adelante, en vez de meterse en su interior se sujetó a él mediante una abrazadera, haciendo posible el tiro con la bayoneta puesta. Se fabricaron mosquetes ligeros que ya no precisaban horquilla en que apoyarse. El arcabuz se transformó en el fusil de chispa, dotado con llave de piedra, un mecanismo de disparo muy seguro que acabó con la mecha y fue empleado en Europa hasta el último tercio del siglo XIX, y en África hasta mediados de la siguiente centuria. Los suecos inventaron una artillería a caballo, muy rápida, que acudía veloz a cualquier punto del campo de batalla y que con sus fuegos permitía que el jefe hiciera sentir su voluntad allí donde juzgaba necesario. Cobró creciente importancia el combate de los granaderos, unos soldados robustos capaces de lanzar a brazo granadas explosivas al enemigo. Toda compañía tenía sus granaderos, que no llevaban sombrero sino gorro, para que las alas del primero no estorbaran el lanzamiento, y que portaban un zurrón con granadas y un sable corto para combatir si se veían rodeados por el enemigo. Los granaderos se agruparon en compañías de distinción. El conjunto de estas novedades, introducidas a lo largo de más de un siglo, terminó por transformar radicalmente la fórmula inicial de los tercios.

En 1700, cuando los tercios ya estaban al borde de su extinción y proliferaba la mezcolanza de unidades de diferente composición y origen, había en la Península cuatro tercios provinciales de antigua creación y ocho de nueva, más dos auxiliares (levantados en Granada), dos ordinarios (en Extremadura) y cuatro de la Armada. En Flandes quedaban tres «viejos» creados en el siglo XVI, y tres auxiliares nuevos. A estos se añadían cuatro tercios veteranos en Lombardía, y los viejos de Nápoles y Sicilia. En total, treinta y dos tercios de infantería española, de los cuales veinte habían sido creados después de 1630.

La llegada al trono de Felipe V acabó con los tercios. Sendas reales ordenes de 1701 y 1702 modificaron las estructuras de mando, ampliando el número de oficiales y estableciendo que cada tercio formara uno o más batallones de trece compañías con treinta y siete arcabuceros y diez piqueros cada una. El 28 de septiembre de 1704, el nuevo rey decretó la transformación de los tercios en regimientos, sin modificación de las plantillas, lo que supuso la importación del modelo de ejército francés, aunque, como hemos dicho, esa denominación se aplicaba ya en las tropas alemanas y valonas.

12

Soldados y maestres

El maestre de campo y coronel Francisco Verdugo, representado aquí como gobernador de la ciudad holandesa de Groninga.

La Historia no ha sido generosa con los hombres de los tercios, quizá porque el protagonismo colectivo ha ocultado las individualidades que los formaban. Muchos grandes nombres de la infantería española, Hernán Pérez del Pulgar, el Gran Capitán, el marqués del Vasto, el marqués de Pescara o Próspero Colonna, son inmediatamente anteriores a la creación de los tercios. Tampoco alcanzaron a estar en ellos los descubridores y conquistadores de América. Por otra parte, los nombres ilustres que han perdurado en la memoria de todos, con frecuencia no pertenecían a soldados de los tercios, sino a los generales que los mandaban en su calidad de virreyes, gobernadores o capitanes generales.

Los esbozos biográficos que siguen ofrecen una gama suficientemente representativa de las vidas de aquellos soldados.

La saga de los Aldana (1475-1577)

El linaje de los Aldana ya era ilustre cuando Juan de Dios Aldana fue abanderado o alférez portaestandarte del rey de Portugal en la batalla de Toro, que libró el monarca luso contra los Reyes Católicos para evitar que cuajara la unión de Castilla y Aragón, y sustituirla por la de Castilla y Portugal. El alférez del rey era un puesto importante, un personaje, y Juan de Dios hizo honor al cargo. Luchó como un león, el estandarte en una mano, la espada en la otra, hasta que perdió la extremidad que manejaba el arma. Siguió en primera línea, sosteniendo la bandera, pero enseguida perdió la otra mano. Entonces, incapaz de defenderse, recogió del suelo el estandarte con los muñones sangrientos de sus brazos, lo sostuvo con la boca y así lo mantuvo erguido sin soltarlo hasta que murió acribillado a estocadas. La armería del Palacio Real de Madrid conserva su coraza.

De esta casta de valientes, que viene de los tiempos del rey Bermudo II el Diácono, nació en fecha desconocida en Valencia de Alcántara, en la raya de Portugal, su nieto Bernardo de Aldana, que fue capitán en Italia y allí se casó con una dama descendiente de los antiguos reyes de Sicilia. Bernardo regresó de Italia y en 1539, cinco años después de que Carlos V creara los tercios, era capitán de infantería española a las órdenes del marqués del Vasto. En 1546 formó en Nápoles una compañía de arcabuceros a caballo con la que participó en las guerras de Alemania, con tal éxito que dos años después hizo prisionero al landgrave de Hesse, enemigo del emperador. En Reutlingen tomó el mando del Tercio de Nápoles y lo llevó hasta Viena para auxiliar a Fernando, el hermano de Carlos V, a quien este tenía encargados los asuntos del Imperio. A su vez, Fernando envió a Aldana con el tercio a Hungría, amenazada por los turcos, donde luchó brillantemente.

En mayo de 1552 Bernardo estaba en Lippe, enfermo, sin dinero y sin provisiones para el tercio, cuando supo que venían los turcos. Pidió ayuda y, como no la recibía, evacuó la ciudad y se retiró a Transilvania. Fue juzgado y condenado a muerte, aunque la sentencia no se ejecutó gracias a las gestiones del duque de Alba y de Felipe II que, sin embargo, no pudieron evitar que los austriacos lo tuvieran preso hasta 1556 en el castillo de Tringcin.

Cuando Felipe II recibió en vida de su padre los dominios de Italia y Flandes y los reinos de España e Indias, nombró a Aldana capitán general de artillería del duque de Alba en Piamonte y Lombardía. Con este cargo se embarcó tres años después para la reconquista de Trípoli y estuvo en la de las Gelves (hoy la isla de Djerba, en la costa de Túnez), donde tanta sangre española se ha derramado. Aldana se quedó allí con Álvaro de Sande para dirigir las fortificaciones. En 1562 el almirante turco Piali sitió la isla; Bernardo hizo una salida en la que peleó encarnizadamente y resultó malherido. Cuando Piali se alzó con la victoria, ordenó trasladar a Bernardo a Constantinopla, con la idea de mantenerlo encerrado en el Castillo Negro, en la orilla meridional del Bósforo, hasta que llegara su rescate, que sería abultado por ser persona «de calidad», como se decía entonces. Pero el almirante se quedó sin rescate porque Bernardo murió en el trayecto.

Bernardo de Aldana tuvo dos hijos capitanes: uno de ellos, Francisco, fue uno de los mejores poetas de la lengua castellana, al que los creadores del *Diccionario* eligieron para figurar entre las «autoridades de la lengua», y del que se dijo que era «el símbolo humano del Renacimiento». A Francisco de Aldana, Cervantes lo llama en *La Galatea* «el divino». Era el cuarto hijo de Bernardo; nació en Valencia de Alcántara en 1537 y a los dos años pasó a Italia con toda su familia. Muy pronto se hizo soldado y sus méritos lo encumbraron rápidamente; tuvo una actuación destacada en San Quintín, donde Carlos V en persona lo premió; a los seis años de servicios era capitán, algo que, en la competitiva escuela de los tercios, significaba capacidades extraordinarias.

Felipe II, en la época en que sucedió a su padre Carlos V, recibió de este los numerosos reinos y dominios que abarcaba la corona española en Europa y América.

En 1572, cuando se produjo la sublevación de los protestantes en los Países Bajos, Aldana fue general (jefe superior) de la artillería de don Fadrique de Toledo en el sitio de Haarlem. Allí recibió un mosquetazo que le destrozó el pie. En esta ocasión, remachó la idea de sí mismo que había ya lanzado en otro verso: «Yo soy un hombre desvalido y solo, expuesto al duro hado»:

Oh galanamente y bien
está mi mal remediado:
Herido y despedazado
y habré de quedar también
cornudo y apaleado.

La queja era excesiva, si tenemos en cuenta que todos, del rey don Felipe II abajo, lo admiraban:

Este es Aldana, el único monarca
que juntos manda versos y soldados,
que en cuanto el ancho mar ciñe y abarca
con gran razón los hombres señalados
en gran duda ponderan si es él Petrarca,
o si Petrarca es él.

Francisco fue alcalde del castillo de San Sebastián, donde hizo esculpir sus armas en gran tamaño, y se convirtió en uno de los escasos consejeros que gozaron la amistad de Felipe II. Redactó un estudio de la situación geopolítica en verso, para hacerlo más atractivo. Aldana animaba al rey a conquistar Inglaterra, ese gran nido herético que atacaba las comunicaciones vitales de la corona con América, y lo exhortaba a cumplir el testamento de la reina Isabel con la reconquista de Marruecos. Ni siquiera el monarca español podía acometer ambas empresas a la vez, pero su sobrino don Sebastián, rey de Portugal, lector y admirador de Francisco, se encariñó con la idea y quiso que su tío participara en la empresa. Don Sebastián pretendía intervenir en la guerra civil entre dos sultanes de Marruecos; para disuadirlo, Felipe II envió a Marruecos en misión de reconocimiento a dos hombres de su confianza: Diego de Torres y Francisco de Aldana, que en algo más de dos meses llevaron a cabo su dificilísima labor haciéndose pasar por mercaderes judíos. Francisco hablaba media docena de lenguas, árabe entre ellas.

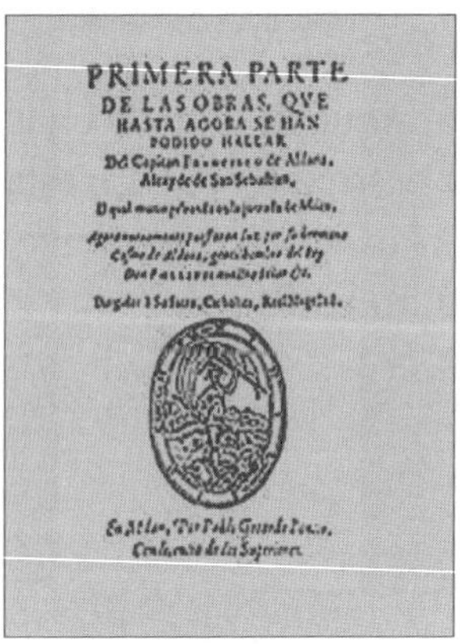
PRIMERA PARTE
DE LAS OBRAS, QVE
HASTA AGORA SE HAN
PODIDO HALLAR

Portada de la edición de la obra poética del gran Francisco Aldana.

Don Sebastián pidió a su tío que enviara a su presencia a Francisco de Aldana; Felipe no pudo negarse y se lo mandó con dos regalos para el joven y animoso rey: el yelmo que había llevado el emperador Carlos en la conquista de Túnez y una carta del duque de Alba con consejos para la batalla. Cuando llegó Aldana, el portugués, que ya había desembarcado y se había internado en Marruecos, lo nombró inmediatamente general de la infantería, con gran disgusto de muchos que aspiraban al cargo. Las quejas cesaron cuando don Sebastián amenazó con cortar la cabeza al que protestara.

Aldana comprobó que la infantería había sido reclutada a la fuerza, le faltaba instrucción y tampoco tenía armamento, porque estaba almacenado en los barcos que esperaban en Larache. Era el mes de agosto y el ejército portugués padecía hambre y sed. Aldana recomendó volver a Larache, pero los consejeros del rey lo animaron a presentar batalla. A la mañana siguiente, se encontraron con un ejército enorme de cuarenta mil árabes a caballo y treinta mil de a pie. Entonces sus consejeros recomendaron a don Sebastián la retirada, pero Aldana, consciente de que el enemigo destrozaría a una infantería mal preparada y de que ya no había tiempo, sugirió dar la batalla inmediatamente, antes de que las cosas empeorasen. También rogó al monarca que se pusiera a salvo, pero don Sebastián era un caballero y no quiso dejar solo a sus hombres. Aldana dispuso a la infantería en un cuadro, la formación que se usaba para defenderse en todas direcciones. Hubo pocos supervivientes y se cree, por el testimonio de un prisionero rescatado, que Francisco murió espada en mano combatiendo contra un grupo de renegados al servicio del rey de Marruecos. Era el 4 de agosto de 1577.

Cosme de Aldana, su hermano, un año mayor, con la misma reputación de valiente y animoso que él, también fue poeta y capitán en Italia. Se le debe la recopilación de los versos de Francisco que tanto gustaban a Luis Cernuda y a la generación del 27.

Fernando Álvarez de Toledo, duque de Alba (1507-1582)

En puridad, el duque de Alba, el gran duque de Alba, no fue un hombre de los tercios, pero asistió a su nacimiento, fue su primer general en Flandes y los tuvo a sus órdenes durante los reinados de Carlos V y su hijo Felipe II. No fue un hombre muy popular fuera de España; como ejemplo, veamos lo que decían de él los embajadores venecianos en sus informes a la Señoría:

> Es alto y delgado, con una cabeza pequena (...) de complexión biliosa y adusta. En la guerra muestra en todas las circunstancias una gran timidez y tan poca inteligencia que el Emperador no le confió jamás cargo lejos de su persona (...) No es hombre que se venda, pero es muy avaro (...) Presuntuoso, hinchado de orgullo, devorado de ambición, es inclinado a la alabanza y muy envidioso (...) pasa por hombre de poco corazón.

Así se expresaba el cronista Badoaro, si bien años antes Contarini lo había calificado todavía peor: «No hay hombre de guerra que le tenga solamente por buen general, ni siquiera por buen soldado. Sabe muy poco de las cosas de guerra, es muy tímido». ¡Pues menos mal que no sabía de guerra, porque si llega a saber nos quedamos solos en Europa...! No obstante,

Fernando Álvarez de Toledo, duque de Alba, un personaje malvado para muchos flamencos, un soldado y súbdito ejemplar para Carlos V y Felipe II.

tenían algo de razón las palabras de Contarini. Para quien valore las cosas desde el punto de vista del brillo y el espectáculo, Alba sin duda era tímido, y además no daba batalla que no estuviera absolutamente seguro de ganar. Lo cierto es que, si nuestros generales hubieran seguido siempre ese principio, la historia de España habría tenido menos sacrificios heroicos inútiles. Su primer mando lo desempeñó en el Rosellón, en la Cataluña hoy francesa que Alba guarneció y fortificó. Cuando el Delfín vino a poner sitio a Perpiñán, en una pinza estratégica que los franceses habían combinado con un ataque turco a España, la infantería de Alba no presentó batalla, pero no dejó de hostigarle hasta que lo obligó a volverse.

Cuando estallaron las guerras de religión en Alemania, Carlos V lo nombró capitán general (hoy diríamos comandante en jefe) de sus ejércitos. Los protestantes, con fuerzas muy superiores, buscaban la batalla decisiva, y Alba los aburrió y los mareó a fuerza de marchas, contramarchas y acciones de desgaste, una forma tesonera y discreta, nada brillante, en efecto, pero muy eficaz, de cansar al oponente. Los enemigos de Alba terminaron viendo su ejército disuelto como un azucarillo mientras él tenía intacto el suyo. No obstante, al año siguiente, en Mühlberg, Alba acabó con el elector de Sajonia que se había protegido tras el Elba, río centroeuropeo que tiene quinientos metros de ancho.

Cuando terminó de operar en Alemania, Alba pasó a limpiar de franceses el norte de Italia hasta que Carlos V lo envió a sofocar la rebelión de Flandes, donde estaba de gobernadora la tía del emperador. Se trataba de una misión difícil y desagradable, pues como hemos indicado el duque llevaba unas instrucciones tan secretas como despiadadas que hizo cumplir sin miramientos y que le han dado mala fama eterna: «Niño, si no te portas bien vendrá el duque de Alba», se decía aún en Bélgica a principios del siglo XX. En la primera fase de sus campañas en Flandes,

Guillermo de Orange lo engañó. Alba aprendió la lección y a partir de entonces se forjó un propósito: «Con la sola fuerza de las incomodidades espero bien pronto verlo volver voluntariamente lleno de vergüenza y afrenta a Alemania o echarlo finalmente a viva fuerza». Y lo llevó a cabo.

En un combate sobre el río Get durante el cual unos arcabuceros españoles quedaron a merced de la caballería orangista, Alba prohibió acudir a auxiliarlos y un oficial español tiró lleno de rabia su pistola al suelo en medio de denuestos y comentarios airados. El general comentó flemáticamente: «Así debe ser, los soldados siempre queriendo combatir, los generales, cuando convenga».

Cuando finalizó su mando en los Países Bajos, Alba regresó a España, donde por desavenencias con Felipe II estuvo confinado en sus señoríos. Sufría de gota, como tantos caballeros de la época, y los agudos dolores no le permitían dar un paso ni salir de caza. Para entretenerse, el viejo general hacía que un paje se forrara de almohadones y contra él tiraba con ballesta. Sin duda los de entonces eran pajes muy sufridos, porque la ballesta no era un arma banal; hincaba sus virotes a cuatrocientos pasos en una puerta de roble.

A pesar de las mencionadas diferencias, cuando Felipe II lo necesitó para la anexión de Portugal, aunque a regañadientes y peleándose siempre con el monarca, aceptó el mando y liquidó la empresa en un plazo brevísimo.

Julián Romero (1518-1577)

Julián Romero era un muchacho de Torrejoncillo (Cuenca) que a los dieciséis años entró de mochilero y mozo de tambor, o sea, de paje y ayudante del soldado que tocaba el tambor. Corría 1534, el mismo año en que se crearon los tercios, y desde esa fecha hasta su muerte estuvo peleando para estar a la altura de sus aspiraciones. Entonces España era el único lugar del mundo donde un chico de pueblo podía llegar hasta la cima con la espada, y él lo hizo.

De 1534 a 1543 sirvió en el ejército de Carlos V en Flandes, y cuando lo licenciaron porque llegó la paz, entró al servicio de Enrique VIII, rey de Inglaterra, que en el año de gracia de 1545 todavía era aliado del emperador.

Al servicio del monarca inglés ganó fama y honores, tuvo el mando de un regimiento y venció a los escoceses en la batalla de Pinkie.

Julián Romero no estaba en Inglaterra como soldado de ventura, o venturero, sino contratado por el rey con un regimiento de españoles, y Enrique VIII lo hizo sucesivamente maestre de campo, *sir* y *banneret.* Su condición de *banneret*, de *banner*, 'bandera', lo convertía un *knight having vassals under his banner* —'caballero con vasallos bajo su bandera'—, al que el monarca autorizaba a cortar la punta de su gallardete, para distinguirlo. En otras palabras, Enrique VIII hizo caballero a Julián Romero por méritos de guerra y en el propio campo de batalla. Con todo, cuando el soberano separó a Inglaterra de la Iglesia católica porque esta no le concedía el divorcio para casarse con Ana Bolena, *sir* Julián, el chico de Torrejoncillo, abandonó la isla porque no quería servir a herejes.

En la batalla de San Quintín, Felipe II lo hizo maestre de campo de infantería española y, más adelante, caballero de Santiago, sin entrar en averiguaciones de si tenía o no la nobleza de sangre que se les exigía a estos. Según el rey, don Julián se lo había merecido con la sangre que había vertido, y no le hacía falta aducir la que había heredado.

Julián Romero estuvo con sus arcabuceros en Gravelinas, y en 1551 fue el artífice de la victoria de Gemmingen. El duque de Alba lo envió por delante junto a Sancho de Londoño con quinientos arcabuceros y trescientos mosqueteros, que se encontraron con un poderoso ejército francés que los superaba ampliamente. Pidieron ayuda al duque, pero como este no la prestó, los dos maestres se vieron obligados a vencer sin más ayuda.

Tres años después, Julián Romero fue sorprendido en su buena fe en la defensa de Dinant, una ciudad que a lo largo de la historia se había defendido con éxito de diecisiete sitios y que en esta ocasión estaba cercada por el ejército del condestable de Francia. La ciudadela la defendían los españoles. Romero salió a parlamentar con el condestable, que lo entretuvo mientras convencía a los ciudadanos para que le abriesen las puertas. Una vez dentro, los franceses presentaron a los españoles unos documentos amañados, con la capitulación de la ciudad y el castillo. Los extranjeros calificaron a Romero de «alma de cántaro» por haber caído en esta trampa. Mientras fue prisionero estuvo bien tratado; se sabe que tuvo ocasión de batirse en duelo en Fontainebleau con un caballero español que estaba al servicio del rey de Francia, al que acusó de traidor.

En 1565 se encontraba en Sicilia, al mando de una compañía de este tercio destacada en Siracusa, cuando le dieron el mando del tercio que salió para Flandes con el duque de Alba; el duque tenía a Romero en tan alta estima que creó para él el cargo de sargento mayor general del ejército, hasta entonces inexistente, y que equivalía a nombrarlo su jefe de Estado Mayor. Cuando en el otoño de 1570 Felipe II pensó en desembarcar en Irlanda, el embajador del rey de Inglaterra se quejó en Madrid de los manejos de Julián Romero; fue este uno de los aspectos más intrigantes de una biografía que encierra muchos misterios, pues es seguro que Romero fue agente secreto del monarca español, que lo envió en misión repetidas veces.

Entretanto, en el cerco de Mons recibió un arcabuzazo en el brazo. Poco después, la noche del 11 de septiembre de 1572, participó en la incursión nocturna, o encamisada, que los españoles dieron al príncipe Guillermo de Orange. Más adelante perdería un ojo durante el sitio de Haarlem.

En agosto de 1573 los españoles de Utrecht se amotinaron y Julián Romero, que había sido soldado muchos años, informó escuetamente acerca de las razones del motín: «Las banderas viejas [es decir, las compañías de veteranos] de españoles se comenzaron a desvergonzar el día 29 a las 2 de la mañana, pidiendo les dieran qué comer». Cuando poco después murió don Luis de Requesens, gobernador de los Países Bajos, y la insurrección se generalizó, Julián Romero se hizo fuerte, pudo controlar la situación y socorrer a Sancho Dávila, que estaba sitiado en Amberes; después, los soldados de Romero participaron en el terrible saqueo de la ciudad. Para prevenir los motines de aquel año volvió a aconsejar al rey que diera a los hombres algo de su paga con el fin de acabar la guerra enseguida.

En 1576 don Juan de Austria propuso a Felipe II la invasión de Inglaterra, proyecto en el que sin duda estuvo implicado Julián Romero, buen conocedor de la lengua, el país y sus habitantes.

Se acercaba a los sesenta y estaba cansado de guerras, quería reencontrarse con su familia, a la que no había visto en nueve años, y aspiraba a que el rey le otorgara una castellanía, es decir, el nombramiento de gobernador de una fortaleza, cargo bastante más tranquilo que el de maestre de campo a la cabeza de un tercio. Felipe II lo nombró castellano de Hedín, en Flandes, pero Julián Romero lo que quería era volver a su casa.

El Edicto Perpetuo hizo que los tercios abandonaran Flandes en febrero de 1577 y fueran a Italia; pero la paz no cuajó, y nueve meses después ya los estaba reclamando don Juan de Austria. El ejército reunido en Lombardía se puso en marcha; a su cabeza, el maestre de campo general Julián Romero montado a caballo. Cerca de la ciudad de Cremona cayó fulminado de repente. Tenía cincuenta y nueve años y le faltaban un brazo, un ojo y una pierna. Al embalsamarlo hallaron que tenía el corazón sumamente grande y con pelo. No hacía mucho que había escrito a la corte:

> [...] ni promesas de Su Majestad ni otro inconveniente que la muerte no serán parte para [...] irme a mi casa, porque tengo gran necesidad de hacerlo, cuando está en ello el remedio de mi alma y de mi mujer e hijos [...] ha que sirvo a Su Majestad cuarenta años la Navidad que viene, sin apartarme en todo este tiempo de la guerra y los cargos que me han encomendado, y en ellos he perdido tres hermanos y un brazo y una pierna y un ojo y un oído y lo demás de mi persona tan fatigado de heridas que me resiento de ellas; y ahora últimamente un hijo, en quien yo tenía puestos los ojos.
>
> Todos estos trabajos juzgue Vuestra Excelencia si eran causa de tenerme fatigado en mi persona y espíritu; y por otra parte el verme que ha nueve años que me casé pensando poder descansar y después acá no he estado un año entero en mi casa...

Nunca accedieron a sus peticiones.

Lope de Figueroa (1520-1585)

El maestre de campo don Lope de Figueroa es el mando militar que da la réplica a Pedro Crespo en *El alcalde de Zalamea* de Calderón de la Barca. Tuvo una vida militar intensa, gloriosa, llena de victorias. Entró al servicio del rey con 18 años y sirvió en los tercios de infantería española de Carlos V y Felipe II hasta el día de su muerte. Estuvo en las grandes ocasiones de su tiempo: Italia, Túnez, La Goleta, Flandes, en Granada contra los moriscos, en la batalla de Lepanto y otra vez en Flandes; y siempre con el mismo tercio, el de Granada o «de la Liga», en la campaña de Portugal y en las Azores. Si el maestre de campo hubiera podido leer el futuro, quizá se habría envanecido de tener a sus órdenes sucesivamente a Cervantes en la batalla de Lepanto y a Lope de Vega en la de San Miguel de las Azores.

Sin embargo, la posteridad recuerda su nombre gracias al genio de Calderón de la Barca, que inmortalizó su malhumor de gotoso y su lenguaje brusco y lleno de juramentos y maldiciones en la citada obra, donde el alcalde Pedro Crespo le devuelve los reniegos en un diálogo inmortal:

DON LOPE
¿Sabéis, ¡Voto a Dios!, que es
capitán?

CRESPO
Sí, ¡Voto a Dios!
Y aunque fuera el general,
en tocando mi opinión
le matara.

DON LOPE
A quien tocara,
ni aun al soldado menor,
solo un pelo de la ropa,
por vida del cielo, yo
le ahorcara.

CRESPO
A quien se atreviera
a un átomo de mi honor,
por vida también del cielo,
que también le ahorcara yo.

DON LOPE
¿Sabéis que estáis obligado
a sufrir, por ser quien sois,
estas cargas?

CRESPO
Con mi hacienda,
pero con mi fama, no;
al rey la hacienda y la vida
se han de dar, pero el honor

es patrimonio del alma,
y el alma solo es de Dios.

DON LOPE
¡Juro a Cristo!, que parece
que vais teniendo razón.

CRESPO
Sí, juro a Cristo, porque
siempre la he tenido yo.

DON LOPE
Yo vengo cansado y esta
pierna que el diablo me dio
ha menester descansar.

Francisco Verdugo (1536-1597)

Llegó de simple soldado a coronel, aunque no fue nunca maestre de un tercio, y a maestre de campo general con tercios de infantería española a sus órdenes. Gobernador de Maastrich, Frisia, Groninga y otras regiones de Flandes, consiguió, gracias a su inteligencia militar y diplomática, la confianza de don Juan de Austria, Luis de Requesens y Margarita de Parma para el manejo de los asuntos flamencos.

Según datos aportados por José Antonio García Verdugo, el personaje nació en Talavera de la Reina y a los 19 años se alistó voluntario en los tercios; se distinguió por su valor en San Quintín (1557) y Gravelinas (1558). Luego pasó al servicio de la gobernadora general de los Países Bajos, Margarita de Parma, y cuando el de Alba entró en Flandes para reprimir la rebelión protestante lo nombró sargento mayor de todo su ejército.

En la larga contienda flamenca, Verdugo fue coronel de un regimiento de infantería valona, y en la batalla de Gembloux (1578) desempeñó el cargo de maestre de campo general a las órdenes de don Juan de Austria. De su prestigio e influencia en la corte de Bruselas da idea el hecho de que contrajera matrimonio con la hija del conde de Mansfelt. Destinado al gobierno de Luxemburgo, cambió en 1580 ese puesto por el de gobernador de Frisia, uno de los territorios más recalcitrantes a la presencia española, que Verdugo trató de sujetar con astucia y dotes militares. Derrotó al general inglés Norris, que ayudaba al bando protestante, en Nordhoon (1581), y al conde de Holac, que mandaba tropas de bávaros y franceses, en la batalla de Locchtum. Poco tiempo después pasó a desempeñar el cargo de maestre de campo general en el ejército de Alejandro Farnesio, con el que combatió para recuperar la ciudad de Zutphen. Terminada esta campaña regresó a Groninga, aunque poco después la situación le exigió hacerse cargo del gobierno de otras regiones y ciudades de Holanda, donde hubo de reprimir motines en sus propias tropas y sublevaciones en territorio enemigo.

Poco antes de su muerte, en 1597, aún le quedaron arrestos para derrotar a los franceses que habían invadido Luxemburgo y rechazarlos hasta Sedán. Falleció cuando acudía a reforzar el cerco que tenían puesto a la ciudad de Chatelet el conde de Fuentes y Cristóbal Lechuga, no sin antes dejar escrito un interesante libro sobre la guerra en los Países Bajos, titulado *Comentario del coronel Francisco Verdugo de la guerra de Frisia en XIV años que fue gobernador y capitán general de aquel estado y ejército por el rey don Felipe II, nuestro señor.*

Verdugo tuvo un hijo natural de una cortesana llamada Helfter Vandeyik, que llevó el nombre de Guillermo Verdugo Vandeyik. Fue estudiante en Salamanca, y a los años, siendo capitán de caballería, solicitó la prueba de caballero para ingresar en la Orden de Santiago en la Real Chancillería de Valladolid, que le fue concedida.

Juan del Águila (1545-1602)

Juan Luis Sánchez, investigador tenaz y afortunado, autor de un centenar de biografías de maestres de campo y capitanes de los tercios, ha rescatado del olvido la figura de este soldado sufrido y desconocido, uno de los pocos españoles que combatió franceses en Francia e ingleses en Inglaterra e Irlanda. Y es que ir a buscar al enemigo a su casa es una proeza que pocos consiguen.

Juan del Águila era el cuarto hijo de una familia de la nobleza provinciana. Dicen que nació en Ávila y es seguro que se crio en el Berraco (hoy, el Barraco). En 1563, a los 18 años, sentó plaza en la compañía de Gonzalo de

Bracamonte del Tercio de Sicilia. En él permaneció ininterrumpidamente veinticuatro años hasta que llegó a ser su maestre. Con el Tercio de Sicilia intervino en la conquista del peñón de Vélez de la Gomera, un islote rocoso e inaccesible lleno de piratas; en el socorro que libró a Malta de los turcos en 1565, y en la expedición de apoyo a los genoveses contra los sardos sublevados. Pasó a Flandes con su tercio y en 1569 el capitán Pedro González de Mendoza lo hizo alférez de su compañía. Ocho años después ascendió a capitán; para entonces ya había participado en la batalla de Mock (1574), el socorro al castillo de Gante y el saco de Amberes. Juan Luis Sánchez nos informa de que precisamente fue él quien persuadió a los amotinados para acudir en auxilio de Sancho Dávila, que defendía su ciudadela.

En mayo de 1577 los tercios salieron de Maastricht con destino a Italia, pero en agosto de ese mismo año, como queda dicho, ya los estaban mandando volver; Flandes no se tenía en paz sin tercios. Ni con ellos. En diciembre ya se encontraban allí, y cuatro años después, en cuanto resolvieron la situación, los devolvieron a Italia. A estas alturas la corona debía a los soldados veinticuatro pagas. Era demasiado. Tampoco gozaron esta vez de las dulzuras de Italia, porque a fines de julio de 1582 ya estaban de vuelta tras andar el Camino Español de Milán a Bruselas en cuarenta días. Esta vez, Farnesio nombró sucesivamente a Juan del Águila castellano de Tornhout, de Nieuport y, cuando el maestre de campo de su tercio murió ante los muros de Dermonde, lo designó a él para el puesto. Tenía 38 años, muy joven para maestre, lo que significa que en verdad había destacado notablemente.

Ese año comenzó el asedio de Amberes, donde su tercio se distinguió al derrotar el intento de los holandeses de socorrer la ciudad por el dique de Covenstein. Los tercios cobraron sus pagas cuando Amberes se rindió: treinta y siete soldadas atrasadas desde julio de 1582, pues desde que retornaron de Italia no habían percibido más que los socorros, unos modestos «anticipos de los atrasos» para mantenerse. El Tercio de Juan del Águila fue el que estaba acampado en la isla de Bommel, en la desembocadura del Escalda (Scheldt), cuando los holandeses provocaron la inundación que los obligó a refugiarse en el dique de Empel, que es apenas un camino vecinal sobreelevado. Allí permanecían los españoles, apiñados y hambrientos, y la escuadra holandesa acudió a exterminarlos a placer; fue entonces cuando los soldados que excavaban para fortificarse encontraron la mencionada tabla de la Inmaculada, precisamente la noche de la vigilia de la Virgen, 7 de diciembre de 1585. Durante esas horas nocturnas, una helada portentosa inmovilizó los buques holandeses e hizo posible que una de esas hazañas de la infantería española mereciera los honores de un gran filme: los españoles asaltaron ¡a pie! la flota holandesa, cuyos tripulantes gritaban: «¡Dios se ha hecho español!». Allí adoptó la infantería por patrona a la Inmaculada Concepción.

Al año siguiente, el tercio derrotó al ejército inglés que sitiaba Zutphen. Más adelante, gravemente herido en la toma del puerto de La Esclusa (Sluys), en la desembocadura del Escalda, Juan del Águila regresó a España, donde lo presentaron a Felipe II con estas palabras: «Señor, conozca V. M., a un hombre que nació sin miedo».

No regresó a Flandes. Estaba a punto de embarcarse en Santander con un tercio de nueva creación para la segunda oleada de la invasión de Inglaterra cuando la operación se canceló por el desastre de la armada llamada invencible. El tercio estuvo en Lisboa y Galicia hasta que Felipe II lo mandó apoyar a los católicos franceses; tras el desembarco en Nantes, el 25 de octubre de 1590, en los ocho años siguientes estuvo combatiendo en Bretaña, en suelo francés. Allí construyeron una fortaleza que llevó el nombre del maestre de campo, Fuerte del Águila, en Blavet, a la entrada del puerto de Lorient. Desde este lugar, tres compañías del Tercio de Juan del Águila realizaron entre el 26 julio y el 20 agosto de 1595 la que posiblemente haya sido la única incursión con éxito de los españoles en suelo inglés hasta la fecha. Desembarcaron junto al cabo Lizard, en Cornualles, saquearon e incendiaron varios pueblos, desmontaron la artillería de los fuertes ingleses y reembarcaron. A su regreso toparon con una nutrida escuadra holandesa a la que hundieron un par de barcos. Blavet pudo haber sido una base excelente para atacar Inglaterra, pero hubo que devolverla a los franceses por la Paz de Vervins. Juan del Águila y su tercio pasaron entonces a Cádiz, donde se les destinó a escoltar los galeones de Indias.

El maestre estuvo en arresto domiciliario por haberse aprovechado de la hacienda del rey más de lo que era justo, aunque pudo probar su inocencia y, en desagravio, le dieron el mando de la expedición en apoyo de los irlandeses que se habían sublevado contra Inglaterra. Zarparon de Lisboa el 2 de septiembre de 1601 con la misión de tomar el puerto de Cork. La habitual galerna enemiga de nuestros esfuerzos contra Inglaterra dispersó la flota, que, sin embargo, logró desembarcar, dejando en tierra a Juan del Águila y tres mil españoles. El maestre pidió insistentemente socorros mientras se fortificaba en dos fuertes: Castle Park y Ringcurran (hoy Fort Charles). Cuando en noviembre cayó Ringcurran, los españoles se quedaron sin salida al mar, donde ya fondeaba la escuadra inglesa.

Entretanto, los refuerzos que venían de España se encontraron una vez más con la tormenta. Se fueron a pique cuatro navíos y los restantes desembarcaron infantería en Castlehaven. Los ingleses se lanzaron sobre ellos, pero los españoles lograron rechazarlos. Entonces los nobles irlandeses les entregaron dos castillos y acudieron a marchas forzadas con un ejército de cinco mil quinientos rebeldes. Cuando lograron enlazar con los españoles, se dirigieron todos a socorrer a Del Águila. En el camino toparon con doce mil ingleses con abundante caballería. Faltó coordinación, los sitiados no salieron y los irlandeses huyeron en masa ante la caballería inglesa. La infantería española fue destrozada. Nueve días después, Juan del Águila capituló ante los ingleses en buenas condiciones, no solo para sus mil ochocientos españoles, sino para todos los irlandeses que quisieron acompañarlo: se autorizaba a conservar las armas, artillería, banderas, dinero y equipajes.

Los ingleses cumplieron su parte del trato y llevaron a los hombres de Juan del Águila a La Coruña, donde desembarcaron el 13 de marzo. El retorno fue amargo: el maestre no pudo ir a la corte, donde se supo lo ocurrido por boca de terceros. Juan del Águila permaneció en Galicia, con esperanzas de recibir mercedes, mas llegó la muerte antes que los premios, quedándose con la gloria de haberlos merecido.

Alejandro Farnesio (1546-1592)

Alejandro Farnesio, duque de Parma, no era un hombre que se iniciara de soldado en los tercios, sino un general que los mandó. Algunos dicen que a Farnesio, que era italiano, no le gustaban los españoles, pero, en cambio, estos le tenían fe y lo adoptaron como suyo. Hijo del duque de Parma y nieto de Carlos V, había combatido en Lepanto a las órdenes de don Juan de Austria, quien se lo llevó consigo a Flandes para que aprendiera el oficio de guerrear y, a la muerte del hermano del rey, Farnesio lo sucedió en el mando y gobernación de los Países Bajos. Alejandro no tenía los complejos de don Juan ni la menor intención de contemporizar con los herejes, de modo que en muy breve plazo reconquistó casi todos los Países Bajos. De los diecisiete estados o provincias que los componían, solamente Holanda y Zelanda quedaron en poder de los rebeldes, como se ha indicado. Entonces su tío Felipe II le ordenó intervenir en Francia a favor de los católicos, en la llamada guerra de los tres Enriques por los tres de ese nombre que aspiraban a la corona. Farnesio llevó los tercios españoles al interior del país vecino, derrotó a Enrique IV en Lagny, desfiló victorioso en París y, cumplida su misión, se retiró a Flandes.

De él dijo un contemporáneo:

> (...) de un aspecto feroz y por otro camino amable y venerable. Fue de mediana estatura, pelo antes negro que castaño, nariz aguileña, templado de carnes y airoso en gran manera y especialmente a caballo. Fue cuidadoso en el vestir, tanto que llegó a ser pródigo. Decía que comía por sustentar la vida. Vivió con gran salud hasta que le comenzó la hidropesía y la conservó entre infinitos trabajos con sobriedad y ejercicio. En el rigor del invierno oía misa con velas cuando aún no había luz y en oyéndola salía al campo a pie o a caballo; eso si por ser tiempo lluvioso no bajaba al juego de la pelota, que jugaba con agilidad. En tiempo de paz iba de buena gana a los festines y danzaba bien. Iba siempre descubierto, menos a caballo. Dejó a su hijo más reputación que dinero, pues contra la opinión común (que las más veces es ofensiva para el que gobierna) sus criados hubieron de aguardar a que se vendiera su habitación para poder salir de Flandes con sus huesos.

La verdad es que Farnesio era un superdotado y, como tal, un jefe absorbente que no daba mucha iniciativa a sus subordinados, «con lo que vino a no criarse persona que tuviese autoridad». En otras palabras, un jefe extremadamente competente y perfeccionista cuyo influjo anulaba la capacidad de asumir responsabilidades de los demás, con lo que no dio ocasión a que aprendieran, incluso equivocándose, los generales que habrían de sucederlo. De lo que no cabe duda es de que fue un fiel cumplidor de su deber que estuvo en su puesto hasta el último momento. Murió a la edad de 48 años, abrazado a un crucifijo, y mandó que lo enterrasen en Parma, junto a la puerta de la iglesia, para que lo pisasen todos.

Miguel de Cervantes Saavedra (1547-1616)

Un joven poeta de 21 años, discípulo de López de Hoyos, tuvo duelo a espada con el maestro de obras Antonio Sigura, y lo hirió. Para escapar a la justicia del rey se introdujo en el séquito del cardenal Acquaviva que salía de Madrid. Así dan comienzo las aventuras de Miguel de Cervantes, que lo llevaron a la cabeza de las letras hispanas, pero que también, y es menos conocido, hicieron de él un héroe ejemplar tanto en la victoria como en el infortunio. Si lo que cuenta el cautivo de Argel en el *Quijote* (I-39) es autobiográfico, como parece, Cervantes escribió de sí mismo:

> Alcancé a ser alférez de un famoso capitán de Guadalajara, llamado Diego de Urbina, y al cabo de algún tiempo que llegué a Flandes, se tuvo nuevas de la liga que la Santidad del papa Pío Quinto, de feliz recordación, había hecho con Venecia y con España, contra el enemigo común, que es el Turco, el cual en aquel mismo tiempo había ganado con su armada la famosa isla de Chipre, que estaba debajo del dominio de venecianos, [...] Súpose cierto que venía por general de esta liga el serenísimo don Juan de Austria, hermano natural de nuestro buen rey don Felipe; divulgóse el grandísimo aparato de guerra que se hacía, todo lo cual me incitó y conmovió el ánimo y el deseo de verme en la jornada que se esperaba; [...]
>
> Digo, en fin, que yo me hallé en aquella felicísima jornada, [...] y aquel día, que fue para la cristiandad tan dichoso, porque en él se desengañó el mundo y todas las naciones del error en que estaban creyendo que los turcos eran invencibles por la mar, aquel día, digo, donde quedó el orgullo y soberbia otomana quebrantada, entre tantos venturosos como allí hubo (porque más ventura tuvieron los cristianos que allí murieron que los que vivos y vencedores quedaron), yo solo fui el desdichado; en cambio de lo que pudiera esperar, si fuera en los romanos siglos, alguna naval corona, me vi aquella noche que siguió a tan famoso día con cadenas a los pies y esposas a las manos.

Cervantes estuvo en Lepanto con la compañía de Urbina, en la galera Marquesa, y aunque enfermo y con fiebres insistió en pelear y estuvo en primera línea constantemente. En las galeras se combatía desde la proa, con los pies sobre un tabladillo cada vez más estrecho —la mencionada arrumbada—, para abrirse camino con la espada a la proa de la galera enemiga. No es extraño que el día de Lepanto recibiera tres disparos de arcabuz, dos en el pecho y uno en la mano izquierda, que se la dejó inútil para toda la vida. Pero Cervantes no se retiró del ejército a causa de las heridas, sino

Miguel de Cervantes fue soldado aventajado en los tercios y combatió en la compañía de Urbina en Lepanto a bordo de la galera Marquesa.

que siguió en activo como soldado aventajado, es decir, hombre que tenía un complemento de sueldo por haberse distinguido en la batalla. Dejó la compañía de Urbina y pasó a la de Ponce de León, con quien estuvo en las conquistas de la isla de Novarino (Navarín), Túnez, La Goleta y Corfú. Durante los inviernos de estos años, el tercio de Cervantes permaneció de guarnición en Sicilia, Cerdeña y Nápoles.

En 1575 pidió y obtuvo la licencia, que le concedió don Juan de Austria con palabras elogiosas. Salió para España llevando entre sus papeles de servicios las cartas de aquel y del duque de Sessa, descendiente directo del Gran Capitán; probablemente acudía a la corte con la esperanza de obtener patente de capitán y conducta para levantar una compañía. Una tormenta dispersó las naves de la flotilla cerca de la costa catalana, y el barco en que venía Cervantes fue apresado por los piratas de Argel. Los papeles elogiosos que llevaba hicieron subir su rescate; los piratas pusieron un alto precio a aquel valiente soldado, quinientos ducados, más de dos kilos de oro. Era una suma imposible de reunir, pero que tuvo la virtud de proteger al cautivo y convertirlo en posesión muy valiosa que había que guardar con esmero.

Cervantes permaneció durante cinco años entre los miles de cristianos presos en Argel, treinta mil solo en aquella ciudad. Se escapó en 1576 a la cabeza de un puñado de españoles para llegar a Orán, que era plaza española, pero los argelinos los capturaron, les pusieron hierros y empalaron al guía. Al año siguiente volvió a huir y estuvo escondido cinco meses en una cueva, hasta que un renegado lo traicionó. En 1578 organizó una sublevación de cautivos y escribió al general español de la fortaleza de Orán animándolo a que atacara Argel, asegurando que ellos se sublevarían, pero la carta fue interceptada y a él lo castigaron a dos mil palos. No se los dieron porque, como queda dicho, era un prisionero que valía mucho.

En 1579 organizó una gran escapada de sesenta españoles en una fragata; de nuevo los traicionó un renegado. Esta vez el bajá decidió enviarlo a Constantinopla, donde se guardaban los cautivos principales y de donde no había huido ninguno. Pero antes de embarcar llegó el rescate de mano de dos sacerdotes trinitarios que habían logrado reunir los quinientos ducados. El 27 de octubre de 1580 el soldado Cervantes llegó a España y se presentó al rey, que lo envió como agente secreto a Orán. Esta fue su última misión. Tenía 33 años.

A partir de entonces su vida, siempre agitada y con poca suerte, se desarrolló en España, entre la república de las letras y la búsqueda de un empleo para sobrevivir. El año 1584 fue grande para Cervantes, pues ese año nació su hija Isabel, consuelo de su vejez, y se casó en Esquivias con otra mujer distinta de la madre de su hija. En lo sucesivo su existencia transcurrió entre Esquivias, pueblo de su esposa, Toledo, Sevilla, Valladolid y Madrid. Trabajó para el comisario encargado de acopiar los abastecimientos para la Armada Invencible, lo que le costó dos excomuniones por requisar el trigo de unos eclesiásticos. En Castro del Río fueron las autoridades locales las que lo encerraron; requisar trigo no caía bien a nadie. Más adelante se ocupó de cobrar tributos atrasados, pero la quiebra del banquero que le guardaba los ingresos lo llevó a la cárcel hasta que se aclaró su inocencia.

En total, Cervantes estuvo encerrado cinco años en Argel y otra media docena de veces en cárceles españolas. Fruto de estos viajes y de sus forzosas estancias en la cárcel fue el *Quijote*, que publicó en 1605 y que enseguida se convirtió en acontecimiento mundial. Se trasladó a vivir cerca de su impresor. Próximo a cumplir los 60 años, empezaba a prepararse para la muerte. Hizo como Lope, con quien tan duras palabras se había cruzado, e ingresó en la Cofradía del Santísimo Sacramento y en la Orden Tercera de San Francisco, dos asociaciones de laicos que querían mejorar su vida espiritual. No dejó de escribir; tenía 66 años cumplidos cuando publicó el *Teatro* y las *Novelas ejemplares*. En 1615, el año anterior al de su muerte, apareció la segunda parte del *Quijote*. Cuatro días antes de fallecer, el 19 de abril de 1616, escribió la sobrecogedora dedicatoria de *Los trabajos de Persiles y Sigismunda.* Murió el 22 de ese mes; Shakespeare había muerto diez días antes, pero como los ingleses aún tenían el viejo calendario, suele leerse que ambos fallecieron el mismo día. No es verdad, pero casi.

Carlos de Coloma y de Saa (1556-1637)

Nacido en 1566 en Alicante, era hijo de Juan Coloma, que además de ser conde de Elda y virrey de Cerdeña, era conocido como buen poeta. Cuando solamente contaba 14 años, Carlos vio por primera vez la guerra con las tropas del duque de Alba, durante la anexión de Portugal, y después de servir cuatro años embarcado en las galeras de Sicilia marchó a Flandes, donde participó en numerosos hechos de armas con maestros de la talla de Alejandro Farnesio y el conde de Fuentes.

Siendo soldado en el Tercio de Juan del Águila, en un fracasado golpe de mano contra la sitiada plaza de Ostende, un arcabuzazo le destrozó una mano, y Felipe II —en consideración a su arrojo en combate— le concedió el mando de una compañía de caballería y cuarenta escudos de ventaja.

Coloma participó a las órdenes de Alejandro Farnesio en la segunda invasión de Francia (1592) y se distinguió en el socorro a Rouen y la batalla de Aumale, donde resultó herido y estuvo a punto de ser capturado el rey Enrique IV de Francia. Intervino en las conquistas de Calais, Ardres y Hulst, que acrecentaron su fama de capitán experto y valeroso. Sus servicios se vieron recompensados al serle concedido el hábito de Santiago, en 1597, con el añadido de una pequeña pensión. Ese mismo año fue nombrado maestre de campo, y se le dio el mando del antiguo Tercio de Antonio de Zúñiga, que ejerció en las campañas de 1598 y 1599 en Flandes. A esto siguió un periodo alejado de los frentes de guerra, al ser designado gobernador de Perpiñán y lugarteniente general de los condados de Rosellón, Cerdaña y Conflent, y más tarde capitán general de Mallorca, hasta 1617. Durante su mandato en Baleares construyó el fuerte de San Carlos, que domina la bahía de Palma y aún se mantiene en pie como sede de un museo regional militar.

La etapa «pacífica» de la carrera de Coloma se interrumpió cuando en 1620 fue designado maestre de campo general del ejército de Ambrosio de Spínola que invadió el Palatinado protestante, hostil a España. Tras

Carlos de Coloma, maestre de campo y embajador en Londres. Participó en numerosos hechos de armas en Italia, Francia y Flandes, y también en la toma de Breda.

una breve misión diplomática en la corte de Madrid, Coloma regresó a Bruselas al expirar la Tregua de los Doce Años con los rebeldes holandeses, y luego fue nombrado embajador en Londres, donde tuvo que lidiar con asuntos tan espinosos como la frustrada boda de la infanta María, hija de Felipe III, con el príncipe de Gales, con la piratería inglesa en las Indias o la toma de Ormuz (que, como perteneciente a la corona de Portugal, era dominio de Felipe III) por ingleses y persas.

Reclamado de nuevo a los asuntos militares, Coloma se incorporó a la toma de Breda, y su rostro aparece en el famoso cuadro de *Las lanzas* de Velázquez. Tras un breve intervalo de capitán de la caballería ligera del Milanesado, el ya veteranísimo soldado quedó al mando interino —junto al conde Van den Berg— del ejército de Flandes, mientras Spínola exponía en la corte los graves problemas de una guerra que acabaría por hundir el poderío de España. En esos momentos, el otrora poderoso ejército de Flandes pasaba por una situación de extrema penuria. Coloma —en cartas dirigidas al gobierno de Madrid— habla de «soldados muertos de hambre, en carnes vivas y pidiendo limosna de puerta en puerta». En los oídos de la corte no sentaban bien tales noticias, y Coloma fue designado de nuevo embajador en Londres, donde encabezó la negociación que en 1630 restableció la paz entre España e Inglaterra. Terminada la misión diplomática, regresó a los Países Bajos con el empleo de maestre de campo general del ejército, a hacer frente a la gran ofensiva militar y política que desencadenaron los holandeses con la complicidad de Francia. El ataque causó la pérdida de Maastricht, Venlo y Limburgo. Con la llegada del cardenal-infante Fernando de Austria a Flandes, Coloma retornó a Italia. Felipe IV lo nombró maestre de campo general del ejército de Lombardía, donde una vez más puso de manifiesto sus dotes militares al obligar a los franceses a levantar en 1635 el asedio a Valenza.

Sus últimos días los pasó retirado en Madrid, aunque siguió participando en los asuntos de Estado como miembro del Consejo de Castilla (1635-37) y mayordomo del rey, hasta su muerte, en octubre de 1637.

Cristóbal Lechuga (1556?-1622?)

Cristóbal Lechuga ha pasado a la historia como el padre de la artillería española y también se le cita como uno de nuestros más gloriosos ingenieros militares. Es verdad que fue ambas cosas, pues entonces las especialidades del ejército aún no se habían diferenciado en cuerpos separados. Pero Lechuga empezó, como todos, de soldado de infantería, y en los tercios llegó a capitán con sangre y esfuerzo, a los que debió los progresos de una carrera en la que, como en la de todo ser humano, no faltaron las sombras.

De sus primeros años no sabemos mucho, fueron los tiempos oscuros de su crianza en Baeza, donde vino al mundo. Una brizna de apunte autobiográfico permite suponer que nació en el segundo semestre de 1556 o el primero de 1557. Antes de cumplir los dieciocho se alistó en el Tercio de Sancho Dávila, y en los años siguientes subió a fuerza de méritos y sangre de sus venas los escalones de la jerarquía: cabo, sargento, alférez, capitán. La primera noticia firme es que, en 1585, el maestre de campo Francisco de Bobadilla lo nombró sargento mayor de su tercio. En ese momento Cristóbal tenía 28 años largos y once de servicios. El 25 de julio, el Tercio de Bobadilla emprendió el Camino Español.

Al llegar a Flandes, el tercio fue empleado en asegurar las poblaciones católicas cercanas a la frontera, muy amenazadas por los iconoclastas. El Tercio de Bobadilla fue otro de los que acamparon en la isla de Bommel, un terreno llano y bajo que forman entre sí los anchos cursos de los ríos Mosa (Maas) y Waal, el brazo meridional del Rin. Los holandeses rompieron los diques y anegaron la isla; los españoles tuvieron que subirse al dique y allí quedaron a merced de la escuadra holandesa, como ha habido ocasión de relatar. La vigilia de la fiesta de la Inmaculada se heló el Mosa de un modo totalmente anómalo que dejó inmovilizados los barcos holandeses. En esta ocasión, Lechuga mandó una incursión para expulsarlos de una de las isletas que habían quedado en seco.

El maestre de campo Bobadilla marchó con licencia a España. Con tal motivo Lechuga, que era su sargento mayor, esperaba que, como era costumbre, le dieran el mando del tercio con carácter interino, pero Farnesio lo otorgó a Manuel de Vega. Entonces, se produjo un hecho insólito en la historia de los tercios y en general de los ejércitos: dos soldados prepararon un atentado contra el maestre de campo, al que quisieron hacer volar con una explosión. Uno de ellos era el hermano y el otro el ayudante de Lechuga. Desde luego a este último no se le pudo probar nada, pero las sospechas habían sido fuertes, y durante los diez años que duró el proceso estuvo en situación ambigua.

En 1590, veinte de las veintiuna compañías del tercio estuvieron amotinadas durante un año, al cabo del cual recibieron sus pagas y todo lo que pedían. Los soldados del tercio querían el relevo del maestre Manuel de Vega, así como la posibilidad de cambiar de compañía, una precaución para evitar las represalias de sus capitanes. Farnesio lo concedió todo; el recién nombrado maestre de campo, a su vez, exigió que le quitaran a Lechuga. Seguramente no quería verse volando por los aires. Lechuga quedó entretenido, es decir, a disposición de Farnesio, pero sin obligación de ir al Cuartel General sino cuando este lo llamara, cosa que Farnesio no hizo jamás.

Lechuga presentó entonces al rey un memorial de sus servicios. Felipe II lo estudió cuando le llegó el turno, que fue al cabo de un año. Recomendó a Lechuga al nuevo gobernador de Países Bajos, ahora el archiduque Ernesto, quien lo nombró teniente (es decir, uno de los segundos en el mando) del capitán general de la artillería, el famoso *Mesié* de La Mota (*monsieur* La Motte). Cuando el archiduque Alberto sucedió a Ernesto, Agustín Mejía, que era castellano de Amberes y amigo de Lechuga, lo llamó para que fuera su teniente. En estos años de reposo forzado escribiría su primer tratado militar, *Discurso que trata del cargo de Maestre de Campo General y de todo lo que de derecho le toca en el Exército, sobre las atribuciones y cometidos del general en jefe*, que él no había sido nunca, pero que los interesados encontraron muy útil.

Cuando el conde de Fuentes pasó a Lombardía, Lechuga pidió ir con él. Era la época en la que Francia amenazaba con estrangular el Camino Español en el puente de Gressin, y cuando se hizo necesario ir a Flandes por La Valtelina, de modo que Fuentes encargó a Lechuga la construcción de un gran fuerte sobre el lago de Como que garantizara a España el paso de tropas desde Italia al norte de Europa. Lechuga lo empezó a construir en 1603 pero no lo acabó hasta siete años después. Ese mismo año de 1603 fue cuando publicó el *Discurso*, con gran éxito, y al siguiente abrió la Escuela de Artillería de Milán; Fuentes lo nombró teniente general (es decir, el segundo en el mando) de la Artillería del Estado de Milán.

Todo parecía bien, cuando en 1598 Lechuga se vio acusado de prevaricación y desvío de caudales. Fuentes consideró que había abusado de su confianza y lo apartó de su lado. Mientras se sustanciaba el proceso, que esta vez solo duró un año, Lechuga escribió el *Discurso que trata de la artillería y de todo lo necesario a ella, con un tratado de fortificación y otros advertimientos*, donde refutaba los errores del famoso tratadista Tartaglia. El libro salió de imprenta en Milán en 1611.

Una vez libre de cargos, Lechuga volvió a España, y fue destinado a Cádiz, donde participó con el Tercio de la Mar Océana en la conquista de La Mamora, un nido de piratas en la costa atlántica, en la desembocadura del río Sebú, cerca de Rabat y de la actual base americana de Kenitra. Ante el ataque, los piratas huyeron e incendiaron sus barcos, pero la rápida actuación de Lechuga logró salvar diez buques. En el otoño de 1614, Felipe III lo nombró gobernador de la plaza en atención a sus méritos, pero el fuerte de La Mamora se reveló demasiado insalubre. En el primer invierno solo quedaron vivos quinientos de los tres mil soldados de la guarnición. Al cabo de cuatro años Lechuga pidió licencia para España, y se ocupó de prepararse una elegante capilla funeraria en su pueblo; el gobernador empezaba a preocuparse en serio por la otra vida y quería dejar un buen recuerdo en esta.

En 1619, los reyes de Fez y Marruecos (Marrakech) se coligaron para atacar la fortaleza, que se vio en dificultades, pero la oportuna muerte del rey de Marrakech disolvió la amenaza que se cernía sobre La Mamora. En 1622, nuevamente fue asediada por tierra por los locales, mientras una escuadra holandesa cerraba la costa. Fue entonces cuando encargaron a Alonso de Contreras que armara y equipara una escuadra para socorrer la plaza. Alonso fue a galope de Madrid a Cádiz, reunió los buques, los equipó, llegó frente al Sebú, sorteó a la escuadra holandesa, pasó la barra del Sebú, desembarcó en La Mamora, se entrevistó con Cristóbal Lechuga, dejó los refuerzos, resolvió la situación negociando con los locales, se despidió de Lechuga, volvió a embarcarse, a pasar la barra y a sortear a los holandeses, navegó hasta Cádiz, desembarcó y regresó a galope a Madrid a informar al rey del resultado. Todo en nueve días. Esta es la última noticia que se tiene de Cristóbal Lechuga, que se supone falleció ese mismo año.

Félix Lope de Vega y Carpio (1562-1635)

De Lope de Vega se dijo que, si hubo alguna vez un poeta a quien su nación no debe solo un drama sino una literatura completa, fue este, pero, como hombre de su tiempo, a él no le bastaba la fama de ser el primer poeta de su tiempo, sino que quiso también la gloria de las armas. Félix Lope de Vega y Carpio, a quien llamarían Fénix de los Ingenios españoles, por dos veces sentó plaza de soldado de los tercios.

Lope era un superdotado que tenía ansia de vivir (cólera, dice un asombrado contemporáneo suyo). Había nacido de una historia conyugal de amor y celos: su madre, Francisca, persiguió hasta Madrid a su padre, Lope, que se había fugado con otra mujer. Lo alcanzó, lo recuperó y de la reconciliación nació Lope, con las cualidades que suelen acompañar a estos enlaces apasionados: era brillante, de ingenio rápido y fértil, también apasionado y muy inclinado a las faldas.

Parece que leía a los 2 años, y que a los 5 ya componía: daba su almuerzo a un compañero de más edad para que le copiara al dictado los versos que él aún no sabía escribir por sí mismo. Después, en dos cursos aprendió ávidamente toda la gramática y la retórica que le pudieron enseñar los jesuitas, los mejores educadores católicos de su tiempo, y a los 12 años ya estaba dedicado a aprender a cantar, danzar y llevar y manejar la espada, disciplinas entonces de moda para los jóvenes caballeros de 20 años, no para chavales de su edad. A los 13 ya había escrito *El verdadero amante*, una de sus primeras obras, que no sabemos si la primera porque su producción fue oceánica. A los 16 se escapó de casa y la justicia lo devolvió al hogar familiar. A continuación, estudió filosofía en Alcalá de Henares cuatro años:

Crióme don Jerónimo Manrique,
estudié en Alcalá, bachilleréme,
y aun estuve de ser clérigo a pique.
Cegóme una mujer, aficionéme,
perdóneselo Dios, ya soy casado,
quien tiene tanto mal, ninguno teme.

Esta primera dama a la que se aficionó es la que llamó Marfisa en sus versos. El joven Lope simultaneaba sus estudios con una vida de la que él mismo diría:

> Un barbilindo que todo su caudal son sus calcillas de obras y sus cuevas de ámbar, esto de día, y de noche broqueletes y espadas y todo virgen, capita untada de oro, plumillas, banditas, guitarra, versos lascivos y papeles desatinados...

Al terminar los estudios, entró de secretario del marqués de Alcántara, y se enamoró perdidamente de la hija de Diego de Urbina, el que fuera capitán de Cervantes en la ocasión de Lepanto. Lope simultaneaba este amor platónico con otro adúltero y carnal que tenía desde los 17 años con *Filis*, la esposa de un cómico. Metido en el ambiente teatral, Lope participó en muchas representaciones, en papeles masculinos o femeninos, según la costumbre de la época, lo que más adelante se le echaría en cara: «Cuando fue representante / primeras damas hacía».

Lope de Vega fue un superdotado de las letras que aspiró durante toda su vida a la gloria militar. Sentó plaza de soldado en los tercios en dos ocasiones.

Pero en el mundillo en que se movía, fascinaban las galas militares, que traían a la corte los ecos de las proezas verdaderamente titánicas que hacían los españoles por mar y tierra. Lope quiso probar fortuna y se embarcó en Lisboa con la expedición que salió al mando de don Álvaro de Bazán para la empresa de las islas Azores.

Todo Portugal estaba ya por Felipe II menos el archipiélago, que se había declarado a favor del pretendiente don Antonio, con la excepción de San Miguel. Los franceses enviaron una escuadra a conquistar esta isla, y Felipe II respondió con otra que, comandada por Álvaro de Bazán, los destrozó y tomó las islas rebeldes. La expedición no es que fuera exactamente coser y cantar, pero no tuvo los rasgos terribles de otras anteriores. Lope regresó con bien de esta primera experiencia militar, pero con su fama bélica inestrenada y un tanto de nostalgia heroica que muchos años después se traduciría en envidia cuando la celebridad de Cervantes hirió la suya de soldado intacto. Lope atacaría dura e injustamente al autor del *Quijote*, del que dijo: «Ningún poeta tan malo como Cervantes (...) frisón [percherón] de carroza y puerco en pie».

Pero para eso aún faltaban muchos años. Lope le daba sin parar a la pluma y, mientras escribía una novela pastoril a petición del duque de Alba, *La Arcadia*, donde él mismo se retrató bajo el nombre de Belardo, hizo sátiras que corrían por los mentideros de Madrid. Unas coplas sobre un pobre hombre y su hija atrajeron sobre él la atención de la justicia, que lo condenó

> a cuatro años de destierro de esta corte y cinco leguas (no le quebrante so pena de serle doblado) y en dos años de destierro del reino (no le quebrante so pena de muerte) y en que de aquí en adelante no haga sátiras ni versos contra ninguna de las personas de los contenidos en los dichos versos y sátiras y romances ni pase por la calle donde viven las dichas mujeres.

El 10 de mayo de 1588 se casó por poderes con su amada Isabel de Urbina. Poco después volvió a embarcarse en busca de la fama militar, como soldado de un tercio en el galeón San Juan de la Armada contra Inglaterra; aunque deshecha por la acción de la tormenta y los barcos ingleses, el San Juan pudo regresar a España y Lope desembarcó en Cádiz a fines de 1588 con su gloria aún virgen. Ya no tuvo más experiencias de soldado, y si bien las expediciones de las Terceras y la Armada Invencible no estuvieron nada mal como vivencias, en lo sucesivo se convirtió en el autor más prolífico y representado, príncipe y fénix de los ingenios españoles. Llevó una agitada vida amorosa en el matrimonio y fuera de él. Se casó y enviudó dos veces. Era evidente que sentía predilección por las mujeres casadas, y no solamente por la propia, que por algo llamó Quevedo al suyo el siglo del cuerno.

De Lope se ha dicho que escribió mil ochocientas obras de teatro, pero en realidad nadie sabe cuántas fueron; con toda seguridad, más de cuatrocientas. Pudo haber sido un hombre rico porque las dádivas de señores y particulares llegaron a diez mil ducados; lo que le valieron las comedias, contadas a quinientos reales, ochenta mil; los autos, seis mil; la ganancia de las impresiones, mil seiscientos y las dotes de entrambos matrimonios siete mil, lo cual hace un total de más de cien mil ducados. Algo que, que teniendo en cuenta el valor de esta moneda, era casi media tonelada de oro. Sin embargo, Lope no lo atesoró, prefirió gastarlo con rumbo y alegría, pues jamás negó limosna a quien se la pidiese.

Finalmente culminó el huracán de su vida a la española, con una espiritualidad creciente. En 1608 ingresó en la Congregación de Esclavos del Santísimo Sacramento, una asociación piadosa para el culto a la Eucaristía, y en 1611 se hizo terciario franciscano. A la muerte de su segunda esposa en 1614 se ordenó sacerdote, y en esta calidad fue miembro del tribunal para la beatificación de santa Teresa de Jesús. Aún le quedaban en esta época brasas de sus apasionamientos juveniles, de los que se arrepintió en bellísimos versos: «Cuando en mis manos, mi Señor, os veo...». De este soldado de los tercios se conservan numerosas obras. Los católicos hispanohablantes rezan, quizás sin saberlo, versos de Lope en los *Libros de Horas*, tomados de las *Rimas humanas y divinas* que publicó bajo el seudónimo de Tomé de Burguillos.

Antonio de Ceballos (1568?-1603)

En 1587 un capitán de infantería del rey de España levantó su bandera en Perpiñán, que era entonces española, y alistó en su compañía al joven Antonio Ceballos junto con otros ciento sesenta y cuatro catalanes del Rosellón, Cadaqués y Barcelona. La compañía formaba parte del Tercio de don Luis de Queralt y más adelante pasó al Tercio de Juan del Águila para el sitio de La Esclusa. Por razones desconocidas, pero probablemente porque el capitán Torralba se fijó en el buen hacer de Ceballos, lo convenció para que pasara a su compañía, y el joven se distinguió en el asedio. Alonso Vázquez nos hizo de él este apunte que recoge Juan Luis Sánchez:

Antonio pasó a Flandes por soldado de la compañía del capitán Diego de la Guerra. En ella y en la de Bartolomé de Torralba, llevó con humildad el peso y los trabajos de la guerra, mostrando siempre ser virtuoso. De muy pobre soldado, como yo le conocí, sin tener medios ni otros favores y solo por su buen proceder, después de haber sido alférez, le hizo Alejandro [Farnesio] ayudante del Sargento Mayor Bartolomé de Torralba el año de 1590.

Procedió este gallardo soldado tan bien y honradamente que fue digno de ser capitán, sargento mayor y maestre de campo y en estos oficios se señaló y aventajó de tal manera que mereció nombre de valiente y estimado capitán.

Para los pobres soldados que sigan el arte militar, siendo obedientes y virtuosos, es buen ejemplo el de Antonio de Ceballos para que, no desanimándose, procuren servir imitándole porque vendrán a ocupar muchos y mejores puestos, como creo los hubiera tenido este bizarro soldado si no le hubieran matado en Flandes en lo mejor de su vida.

En 1596 Ceballos mandaba una compañía de arcabuces; años después fue nombrado sargento mayor y en 1603, maestre de campo de su tercio, cargo en el que duró muy poco, pues lo mataron de un balazo pocos días después.

Ambrosio de Spínola (1569-1630)

Ambrosio de Spínola era banquero y genovés, pero lo que él quería era servir con las armas al Rey Católico. Nació con vocación de soldado en una estirpe ilustre en la que se han prodigado los santos y los héroes, pero, como era huérfano de padre, su familia no permitió que entrara en filas hasta dejar sucesor. Desde pequeño había estudiado ciencias militares y, cuando ya se casó, tuvo un heredero y le vio crecido, consideró que se había ganado el derecho a irse a la guerra. Era un hombre en la plenitud de la vida cuando vio cumplida su vocación. Su hermano Federico, que servía al Rey Católico en el ejército de Flandes desde hacía muchos años, proyectó un desembarco en Inglaterra. En cuanto Ambrosio lo supo le pidió acompañarlo en la empresa y lo consiguió, aunque se arruinó en el empeño.

Federico lo había introducido en los círculos militares españoles y Ambrosio solicitó autorización de Felipe III para levantar tropas a su propia costa. El Consejo de Guerra informó al rey que «aunque carece de experiencia, tiene crédito y caudal para atender los gastos, y siendo la primera empresa que lleva, pondrá el mayor interés y cuidado». Ambrosio reclutó nueve mil hombres en Lombardía y los llevó a Flandes en la primavera de 1602. Entretanto, su hermano Federico murió y Felipe III le ofreció el mando de la escuadra de invasión. Pero el archiduque Alberto, gobernador de Flandes, lo necesitaba en el sitio de Ostende, y Ambrosio accedió a cuanto le pidió el archiduque. El banquero con vocación de soldado empezó reclutando y de ahí pasó a general. En ambas facetas tuvo éxito. Spínola llegó, mejoró el estado de las tropas que cercaban la ciudad y logró rendirla, con lo que acreditó ser buen general y se convirtió en el alma del ejército de Flandes.

Al año siguiente volvió a España, Felipe III lo confirmó en el mando y le impuso el Toisón de Oro. Al regresar por Francia, Enrique IV lo invitó a su mesa y le preguntó qué proyectos tenía. Spínola contestó que pretendía tender un puente sobre el Rin e invadir Alemania. El monarca francés pensó que bromeaba, pero meses después el genovés cumplió su promesa: «Otros engañan con mentiras y este italiano me ha engañado con la verdad», comentó el soberano.

En 1606 volvió a España para exponer su plan, que consistía en mantener dos ejércitos en Flandes. Se lo aprobaron, pero ningún banquero quiso adelantar dinero, así que tuvo que hipotecar sus bienes para costear él mismo la empresa. Pero cuando llegó a Bruselas se encontró con que el crédito que había conseguido en España se había consumido en suministros. Ante la necesidad de empeñarse de nuevo, escribió al rey en estos términos: «Dios, Vuestra Majestad y todo el mundo me serán testigos que he hecho todo lo que he podido, pero yo soy hombre particular y no puedo tener fuerzas para mantener un exército».

Viendo que el erario español no estaba para más gastos, Spínola negoció una tregua con los holandeses que duró doce años. Durante las conversaciones conoció de cerca a Mauricio de Nassau, su enemigo, que lo admiraba. El genovés pensó que con la tregua ya podría abandonar Flandes, pero ni el rey ni el archiduque lo autorizaron hasta 1611. Entonces Felipe III lo hizo Grande de España. Regresó para participar en las campañas de Alemania con título de capitán general.

La carrera de este general culminó en 1624, cuando, a pesar de la oposición de la mayoría de los capitanes, decidió sitiar Breda, una plaza espléndidamente fortificada, bien abastecida, que tenía una guarnición de siete mil hombres y que todo el mundo consideraba imposible de rendir, como ha habido ocasión de mencionar. Spínola dio la medida de su capacidad organizando los suministros de su ejército. Como refleja Calderón en *El sitio de Breda*, ganó nueva fama cuando empuñó el azadón y se puso a cavar para dar ejemplo, antes que ordenar a sus orgullosos soldados españoles, siempre reacios a fortificarse, que se atrincheraran. Durante los nueve meses del sitio, Breda fue una escuela de milicia a la que acudían a aprender los príncipes de su tiempo. La plaza finalmente se rindió, momento que inmortalizó Velázquez.

En 1627, después de veinticinco años en Flandes, el rey lo mandó pasar a Italia para gobernar el estado de Milán y tomar el mando de todas sus fuerzas en aquella península. Spínola no asumió con gusto un cargo que lo obligó a luchar contra sus paisanos en la conquista del Monferrato. Peor aún: tras la victoria, el conde duque de Olivares le quitó las atribuciones para negociar la paz, ultraje que llevó al genovés a la tumba.

Alonso de Contreras (1582-1650?)

Era un chicuelo madrileño, el mayor de los ocho hijos de unos padres pobres y cristianos viejos. Cuando tenía 13 años, un compañero lo acusó en clase y el maestro le bajó los pantalones delante de todos y le propinó una buena tunda. A la salida, Alonso se arrojó contra el acusica y le dio tantos pinchazos con el cortaplumas que le quitó la vida. Pero el muerto era hijo de un funcionario de policía (alguacil de corte) y el padre quería vengarse; afortunadamente para Alonso, la justicia del rey era muy reacia a abreviar la vida de los españoles a causa de pecadillos de cólera de los que nadie estaba exento, de modo que lo condenó a un año de destierro de la corte. Alonso pasó ese tiempo en Segovia y, a su regreso, su madre le buscó un puesto de aprendiz en una platería. La señora del platero lo mandó por agua y él tiró el cántaro, pues no era para eso para lo que estaba allí. En esos días salía para Flandes el archiduque Alberto: Alonso se despidió de su madre y se incorporó a la comitiva.

Despierto y leal, ganó enseguida la confianza del cocinero del archiduque, que dejó a su cuidado el carro de cocina. Supo hacer amigos invitando a la gente de a pie a subirse al transporte para aliviar la larga caminata. Al llegar a Barcelona, la comitiva embarcó en las galeras que la dejaron en Savona, en la costa de Saboya. Allí tomaron el Camino Español por el Gran San Bernardo. Alonso, que vio soldados de su edad, elevó instancia al archiduque para serlo él también, y aquel lo aceptó, asignándolo a una compañía. Cerca ya de Flandes, el cabo de Alonso ordenó a su escuadra dar media vuelta y poner rumbo al sur; el joven, que lo obedecía como si fuera el rey, no rechistó. Fueron andando de Flandes a Nápoles, donde se enteró de que había desertado.

Alonso quiso poner el mar por medio a su involuntario delito y pasó a Sicilia, donde entró de paje de rodela del capitán catalán don Felipe de Menargas, con quien estuvo en el asalto de Patrás, en el golfo de Lepanto. A la vuelta, un timador lo engañó y se llevó ropa del capitán. Temeroso del castigo, Alonso se metió de polizón en una galera de la orden de Malta y, como cayó en gracia a los caballeros, junto a ellos permaneció un año, hasta que aclaró por carta con el capitán el asunto de los trajes. Una vez solucionado, se despidió de Malta, volvió a Sicilia y entró de soldado en la compañía de don Felipe. Siempre voluntario para salir de expedición a Berbería o Levante, en las largas navegaciones procuraba aprender a pilotar, hasta el punto de que se hizo experto en aquellas aguas.

Un incidente en una hostería lo obligó a escapar a Nápoles, donde el virrey, vistas sus facultades, lo dedicó a corsario. Por desgracia, otro suceso desgraciado, también en una hostería, lo llevó a buscar refugio en Malta, donde le confiaron una fragata (una galera pequeña) con ocho soldados para que fuera a espiar y hacer el corso en aguas turcas. El corsario Alonso se convirtió entonces en un hombre rico, que pronto se acostumbró a dilapidar el oro. En cierta ocasión, al volver a su casa, encontró a su querida en brazos de un amigo, le dio unas estocadas y lo dejó malherido. Sumido en una profunda tristeza, cuando un día vio en el puerto un galeón catalán, se acordó de España y le acometió el vivo deseo de regresar; se despidió del gran maestre de la Orden y volvió a la patria. Era un experto soldado y navegante, había desertado tres veces y estaba perseguido por la policía militar de tres estados del rey. Tenía 21 años.

En España presentó sus papeles al Consejo de Guerra para ser capitán, lo entrevistaron y le ofrecieron una plaza de alférez. Levantó bandera en Priego, reclutó compañía y una buena moza se prendó de él. Camino de

Lisboa con la compañía, su capitán quiso forzarla, Alonso se batió con él y lo traspasó, aunque sin matarlo. Fue a galope a Madrid a presentarse y lo absolvieron porque no fue desacato ni desobediencia a un superior, sino asuntillo de honor. Retomó el trayecto hacia Lisboa y, en Hornachuelos, descubrió un depósito de armas de los moriscos. Al llegar a su destino su compañía fue reformada y a él le dieron ocho escudos de ventaja para Sicilia.

Regresó a la isla, donde sentó plaza de soldado aventajado en el tercio de su nombre. Se halló en el desastre de la Mahometa, donde pereció casi toda la unidad, incluido el maestre de campo, en un reembarque precipitado. Establecido en Monreale, cerca de Palermo, la viuda de un oidor español le tendió sus redes, y Alonso la llevó al altar. La respetaba mucho hasta que su paje le comentó que la señora se besaba con un amigo. Así consignó en su autobiografía el episodio al sorprenderlos: «Los maté a los dos»; luego rectificó y puso: «Murieron, Dios se haya apiadado de ellos». No tenía mucha suerte con sus mujeres.

Desengañado, volvió a España a presentar sus méritos y le dieron la Sargentía Mayor de Cerdeña con una coletilla que no le gustó. Tras dirigirse al Escorial a protestar a Felipe III, don Rodrigo Calderón, mano derecha del valido duque de Lerma, le mandó dos sicarios para matarlo, pero Alonso se batió con ellos y los despachó al «otro barrio», con gran regocijo del monarca. De vuelta a Madrid, momentáneamente harto del mundo, resolvió hacerse ermitaño, decisión que puso en práctica en una gruta próxima a Cuevas de Ágreda, al pie del Moncayo. Se hacía llamar fray Alonso de la Madre de Dios. A gusto con su nueva vida de ayunos y oraciones, había adquirido ya fama de santo, cuando vino la justicia a prenderlo por un asunto relacionado con las armas de los moriscos. En la cárcel de Madrid le dieron tormento, pero no confesó lo que no era. Escapó de prisión a uña de caballo en busca de testigos de descargo en su tercio, que estaba en operaciones contra los moriscos valencianos. Cuando recabó testimonios a su favor, se incorporó de nuevo a Madrid, donde, aclarado el asunto, obtuvo una compañía para Flandes.

Pasó a Flandes y estuvo en Cambray, de donde volvió a Malta en hábito de peregrino, con la hoja de la espada escondida en el bordón; en Borgoña descubrieron que era español —«no podemos encubrirnos por más que hagamos», comentaría resignado— y lo apresaron por espía, pero logró escapar. Llegó a Génova, de allí se trasladó a Nápoles y luego a Palermo, desde donde el virrey de Sicilia lo envió a las islas Querquenes, en la costa oriental de Berbería. Volvió con éxito y pasó a Malta, donde la Orden lo acogió con los brazos abiertos y lo nombró fraile sirviente en el capítulo general, el menor de sus escalones, a pesar de la objeción de algunos caballeros que adujeron los dos homicidios públicos que Alonso tenía en su conciencia.

Capítulo 2. Que trata hasta la segunda vuelta a Malta

Llegué en breve tiempo y luego me recibió por paje de rodela el capitán Felipe de Menargas, catalán. Servíle, con voluntad, de paje de rodela y él me quería bien. Ofrecióse una jornada para Levante, donde iban la galeras de Nápoles, su General, don Pedro de Toledo, y las galeras de Sicilia, su General, don Pedro de Leyba. Iban a tomar una tierra que se llama Petrache. Tocó embarcar la compañía de mi capitán en la galera capitana de César Latorre, de la escuadra de Sicilia. Llegamos a Petrache [...] y echamos la gente en tierra, haciendo su escuadrón firme. La gente suelta o volante emprendieron entrar con sus escalas por la muralla; aquí fueron las primeras balas que me zurrearon las orejas, porque estaba delante de mi capitán, con mi rodela y jineta.[...] Hubo muchos despojos, y esclavos, donde aunque muchacho me cupo buena parte...

Fragmento de la *Vida* del capitán Contreras, escrita por él mismo.

En el año que llamaban de noviciado aún tuvo una pendencia a tiros con otro caballero. Volvió a España, pidió una compañía y se la dieron en la Armada Real. Mientras tanto se enfrentó a un nuevo lío con una mujer casada que le preparó una encerrona. Entonces Alonso describió avergonzado la ruindad cometida: delante del marido le cortó dos rebanadas de glúteo como a un melón para que aprendiera. La justicia lo metió en la cárcel de corte, pero él apeló a la Orden de Malta, que lo sentenció a dos años de destierro.

Marchó a la Armada, y allí estuvo hasta que volvió a la corte a pedir compañía, que en esta ocasión no le dieron; entonces emprendió viaje a Malta y, al pasar por Roma, se encontraba con unas damas cuando vinieron a visitarlas unos italianos; aunque, tras batirse en duelo los dejó heridos, ellos se las arreglaron para envenenarlo. Pudo curarse y finalmente alcanzó la isla de Malta, donde se enteró de que lo llamaba el rey para, ahora sí, darle una compañía de infantería española.

Al volver a España, se encontró con que su primo, que lo daba por muerto, había levantado compañía en su nombre y, como ya la veía suya, lo volvió a envenenar. Pero Alonso sanó y por fin pasó con sus hombres a Cádiz, punto de partida hacia Filipinas. En esto, llegó orden del rey de que embarcaran en la Armada hasta que esta se deshizo y volvió a la corte.

Infantería española combatiendo en Puerto Rico contra corsarios y bucaneros que infestaban el Caribe.

Entonces recibió órdenes secretas para llevar refuerzos a Puerto Rico, amenazado por los ingleses; al embarcar constató que la fuerza de apoyo la integraba un desfile de indeseables cazados a lazo que, además, estaban medio amotinados. Escarmentó a uno y se amansaron todos. En las Antillas, enterado del enorme daño que causaba el pirata Guatarral (el hijo de *sir* Walter Raleigh), se lanzó contra él, lo mató, se apoderó de sus barcos, llevó el refuerzo a Puerto Rico y regresó. Más adelante tuvo que rescatar los restos de la armada que iba a Filipinas, a la que una galerna había dispersado y echado a pique, cuando se produjo el sitio de La Mamora, en la actual Kenitra. Salió de Madrid, fue a Cádiz, reclutó la tropa, la embarcó, llegó al lugar, burló a la escuadra holandesa, pasó la barra del río Sebú, desembarcó, abrazó a Cristóbal Lechuga, como ha habido ocasión de relatar, y tras apaciguar a los sitiadores, volvió a embarcarse y regresó a Madrid.

Informó en la corte de su increíble hazaña y pidió en consecuencia que lo nombraran almirante: «Reputación busco, que no dinero», replicó al ministro que le ofrecía un premio en oro. Como no le hacían caso, apeló al monarca, quien tomó de sus manos el memorial que había escrito. Discutió con el secretario de guerra, que —se cuenta— murió del berrinche: «(...) él se quedó sin vida, y yo sin almirantazgo», comentaría filosófico Alonso.

Cuando le dieron una compañía para patrullar el estrecho de Gibraltar, la levantó en Madrid, en la calle de Antón Martín. Pasó a Cádiz, embarcó, y en el estrecho luchó contra la armada holandesa. Al caer enfermo su compañía pasó a otras manos. De vuelta a la corte, recibió ahora el encargo de reclutar a quinientos hombres para las galeras de Génova. Estaba en ello cuando le dieron orden de ir a Lisboa para embarcar contra la armada inglesa; lo hizo, pero los ingleses, avisados, en vez de Lisboa atacaron Cádiz, y Alonso volvió a quedarse sin compañía. Regresó de pretendiente a la corte, donde trabó amistad con Lope de Vega, que lo alojó durante ocho meses en su casa y le dedicó la comedia *El rey sin reino*. Harto de pretender, pidió licencia para Malta y le asignaron puesto en Sicilia, donde el virrey le dio el gobierno de Pantanalea, una isla de la costa de Berbería con ciento veinte soldados españoles. Allí, hizo reedificar la iglesia de la Virgen del Rosario. Al cabo, aburrido, solicitó licencia para Roma: el virrey le dio cuatro meses. En Roma expuso ante el papa su postura: los tesoros de la Iglesia eran para hombres como él, hartos de servir en defensa de la fe católica. El pontífice lo escuchó benignamente, le concedió varios privilegios y sugirió a la Orden de Malta que lo hicieran fraile caballero. Entretanto permaneció en la capital italiana, en casa del conde de Monterrey, embajador de España. Al cabo de unos meses viajó a la isla, donde lo armaron caballero con todas las solemnidades, antes de regresar de nuevo a Roma. Aquí se interrumpe el relato de su vida, el 11 de octubre de 1630.

El cuadernillo tiene un añadido de unas pocas páginas: Alonso volvió a Madrid, desde donde lo mandaron a Nápoles, donde el nuevo virrey, el conde de Monterrey, le otorgó el mando de una compañía de caballos corazas. Allí, sorprendido por la erupción del Vesubio, se dedicó a organizar el socorro de las víctimas. Nombrado gobernador de la ciudad del Águila, hizo colgar a unos caballeros bellacos, como resultado de lo cual el obispo quiso excomulgarlo, pero Alonso lo disuadió: «Para algo me ha dado Dios diez dedos en las manos y cien españoles, y si me resuelvo a estar descomulgado no va a quedar tranquilo nadie».

El virrey de Nápoles reformó la compañía de Alonso y lo nombró gobernador de Pescara, pero se empeñó en que saliera a hacer el corsario; al negarse a acceder a la petición de Alonso, que condicionaba la aceptación a que su hermano recibiera una compañía, discutieron y este se fue de Nápoles a Sicilia, y de allí a Malta, a Génova y por fin a Barcelona.

Y en este punto concluye la volcánica autobiografía de Contreras, que nadie hubiera conocido si un investigador benemérito, don Manuel Serrano Sanz, no hubiera encontrado a fines de siglo XIX un documento manuscrito traspapelado en la Biblioteca Nacional de Madrid.

El cardenal-infante don Fernando (1609-1641)

Del infante don Fernando, tercer hijo de Felipe III y Margarita de Austria, no puede decirse que fuera un soldado de los tercios, pero sí que fue un gran general que los llevó a la victoria muchas veces. Desde pequeño, su vocación y sus cualidades lo inclinaban a la milicia, pero la necesidad política de apartar al duque de Lerma de la mitra toledana hizo que, cuando solo tenía 10 años, España consiguiera para él el nombramiento papal de cardenal y arzobispo de Toledo, con el fin de que el codicioso e insaciable valido no se hiciera con ella. Las apetencias de Lerma no eran espirituales. Por razones históricas que venían de la Reconquista, la mitra de Toledo era entonces el principal terrateniente de España, con rentas comparables a las de la corona.

Pero el pontífice, que conocía las verdaderas inclinaciones del infante, le nombró un coadjutor, es decir, un gerente ejecutivo para que rigiese la archidiócesis hasta que él tuviese 35 años; desde entonces el infante don Fernando fue jurídicamente cardenal de la Iglesia católica y arzobispo electo de Toledo, pero ni ejerció nunca de obispo, ni pisó la diócesis, ni llegó a ordenarse de sacerdote ni de obispo. Eso sí, las rentas de la mitra toledana pasaron a la corona durante unos años. Afortunadamente, don Fernando no dio mal ejemplo, sino todo lo contrario; su nombramiento lo rodeó de un aura sagrada, su popularidad fue enorme y los católicos oprimidos de toda Europa vieron en él a su caudillo y su esperanza.

En 1626 Olivares propuso al rey que enviara a su hermano a Flandes, pero Felipe IV no consintió en separarse de él hasta 1632, año en que lo nombró virrey y capitán general de Cataluña, Rosellón y Cerdaña para que se adiestrara en tareas de gobierno. Por aquella época, como siempre, Francia agitaba contra España. La caída de la plaza de Maastricht había agravado considerablemente la situación de los Países Bajos, donde gobernaba la española infanta Isabel, que ya era viuda del archiduque Alberto. Madrid decidió enviar un ejército desde Italia, pero como el Camino Español estaba por un lado amenazado por los franceses, y por otro ocupado por los suecos, los españoles tendrían que abrirse paso combatiéndolos en el sur de Alemania.

Fernando se despidió de la Virgen de Montserrat el 11 de abril de 1633, fue a Lombardía, donde pasó revista a los cuatro mil infantes de los

Don Fernando de Austria, cardenal-infante, *gobernator-belgarum*. Grabado de Pieter van Sompel.

tercios. Sin embargo, los tercios tardaron más de un año en emprender la marcha a su destino, porque Wallenstein, el general y empresario de guerra del emperador de Austria, temía que propiciaran la conclusión rápida de la contienda, con lo que se le habría acabado el negocio. Por fin don Fernando fue autorizado a atravesar los dominios imperiales con sus tercios, que se pusieron en marcha en julio de 1634. Los suecos esperaban cerrarles el paso en Nördlingen. Fue la primera batalla que mandó el infante y una de las mayores victorias de las armas españolas, comparable en importancia a la de Bailén, muchos años después. En Nördlingen se distinguió un jesuita llamado Camarasa, confesor de don Fernando, que en los ratos libres que le dejaban sus cometidos de capellán de su cuartel general le servía de ayudante de campo y, si se terciaba, hacía de general de ingenieros.

Los suecos saludaron a los españoles con las burlas habituales, gritando que se desayunarían a aquellos pobretes desharrapados, descalzos y hambrientos. Los tercios españoles respondieron cantando un responso y, efectivamente, a la mañana siguiente, hicieron ocho mil muertos al enemigo. El coronel Ostau, que había combatido junto a Gustavo Adolfo, recordaría más adelante:

> Entonces avanzaron con paso tranquilo varios tercios de infantería española. Eran casi exclusivamente soldados veteranos bien probados, sin duda alguna el infante más fuerte y el más firme con el que he luchado nunca.

Durante aquella batalla, el cardenal-infante dio la medida de sus capacidades y estuvo a la altura de su vocación de soldado. Recorrió incansablemente la primera línea sin cuidarse de tiros ni cañonazos, como su trasabuelo Fernando el Católico había hecho en la reconquista de Málaga.

En su primera intervención, capturó trescientas banderas de otras tantas compañías y ochenta cañones (él solo llevaba diez).

En un mes liberó el sur de Alemania y poco después entró en Flandes. Francia se alió con los herejes holandeses y España reaccionó invadiendo el país vecino con tres ejércitos, uno desde Cataluña, otro desde Milán y otro desde el norte, mandado por el cardenal-infante. Don Fernando pasó el Somme y desató el pánico en la capital francesa. Después, continuó gobernando los Países Bajos españoles mientras expulsaba a los invasores de las regiones alemanas contiguas.

Fue uno de los mejores generales de su tiempo. Los españoles, según costumbre, apenas lo recuerdan.

Juan Caro (1620?-1683?)

Cinco años de soldado, dos de sargento, tres de alférez, once de capitán, ocho de sargento mayor, seis de castellano de Yprés, cinco de teniente (segundo jefe) del castellano de Amberes y, finalmente, dos de maestre de campo resumen la carrera de un soldado de los tercios que labró su fortuna a pulso y con su sangre. Juan Caro era un muchacho madrileño que en 1637 llegó a Flandes con su tercio, y en él pasó los siguientes treinta años hasta alcanzar su mando.

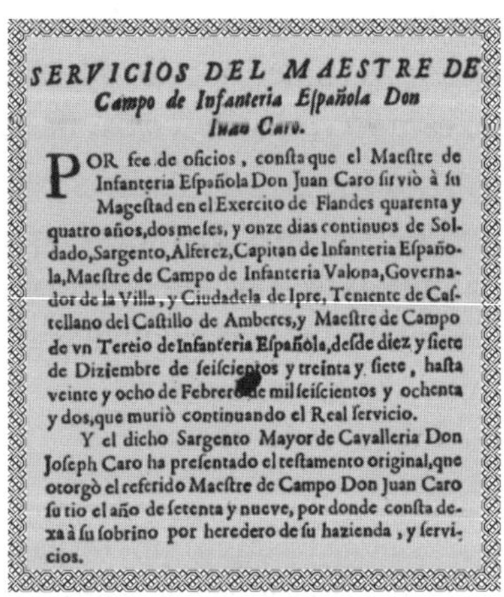
SERVICIOS DEL MAESTRE DE Campo de Infanteria Eſpañola Don Juan Caro.

POR fee de oficios, conſta que el Maeſtre de Infanteria Eſpañola Don Juan Caro ſirviò à ſu Mageſtad en el Exercito de Flandes quarenta y quatro años, dos meſes, y onze dias continuos de Soldado, Sargento, Alferez, Capitan de Infanteria Eſpañola, Maeſtre de Campo de Infanteria Valona, Governador de la Villa, y Ciudadela de Ipre, Teniente de Caſtellano del Caſtillo de Amberes, y Maeſtre de Campo de vn Tercio de Infanteria Eſpañola, deſde diez y ſiete de Diziembre de ſeiſcientos y treinta y ſiete, haſta veinte y ocho de Febrero de mil ſeiſcientos y ochenta y dos, que muriò continuando el Real ſervicio.

Y el dicho Sargento Mayor de Cavalleria Don Joſeph Caro ha preſentado el teſtamento original, que otorgò el referido Maeſtre de Campo Don Juan Caro ſu tio el año de ſetenta y nueve, por donde conſta dexa à ſu ſobrino por heredero de ſu hazienda, y ſervicios.

Memorial de servicios de Juan Caro, que ascendió de soldado raso a maestre de campo y combatió más de cuarenta años en Flandes.

Era soldado veterano cuando su capitán lo nombró alférez; Juan llevó la bandera tres años hasta que hizo dejación de ella y dicho día asentó de soldado de la misma compañía, con los diez escudos de sueldo al mes que le correspondían como reformado. Un caso impensable hoy, pero normal entonces, de que un alférez volvía a ser soldado sin desdoro alguno. Antes bien, Juan Caro siguió con buena fama, porque dos años después lo nombraron capitán. Gracias al investigador don Juan Luis

Sánchez sabemos que en 1663 el sargento mayor del tercio, Jerónimo de Benavente y Quiñones, certificaba sus servicios.

El de 1639 en el encuentro que se tuvo con franceses sobre el paso de la Rivera de San Nicolás (vado del río Aa, en Saint-Nicolas); el de 1640 en los socorros que se intentaron meter en la villa de Arras; el de 1641 en intentar socorrer la villa de Aire y cuando se presentó la batalla al enemigo, en el sitio y recuperación de la dicha villa.

El año de 1642, en los sitios y tomas de las villas de Lens y La Bassée y rota que se dio a los franceses en Honnecourt; entrada en el país del Boloñés (Boulonnois) y toma de los fuertes de San Luís Rojo y Bastardo.

El de 1643, en la oposición que se hizo al ejército de Holanda para que no pasase al país de Waas y en la marcha que se hizo al país de Luxemburgo (con el cuerpo de Beck, que no llegó a tiempo para combatir en Rocroi); en 1644, en la defensa del fuerte de Lincque (hoy Lynck), habiendo ido por orden de su maestre de campo a reconocer la abadía de Guaten (Watten), ocupada de los enemigos y trajo muy buena relación de todo.

El año 1645 en la defensa de la Riviera Colma, alta y baja [ríos Haute Colme y Basse Colme], y en las escaramuzas que su tercio tuvo en los burgos de Lila [Lille] con el ejército de Francia, donde por orden del Marqués de Caracena fue de noche a reconocer y quemar los dichos burgos.

El año 1646, en intentar socorrer la villa de Courtrai y ganar la de Menin por asalto, para cuyo efecto se le entregó la guía por orden del maestre de campo, que lo eligió para reconocer el camino por donde se entró en la dicha villa, siendo uno de los que más se señalaron de su tercio en esta ocasión, como también en la toma de la villa de Lannoy y en todas las demás facciones.

El de 1647, en los sitios y tomas de las villas de Armentières, Lens, Landrecies y Dixmude, dragoneando en todas ellas, y acudiendo a la cabeza de las trincheras en las fajinas y todo lo necesario.

Juan Caro era capitán durante la invasión de Francia y en la larga serie de acciones que siguieron y que culminaron en 1654 en el sitio de Arras, donde se halló Cyrano de Bergerac. Luchó también en la segunda batalla de Las Dunas. Cayó prisionero, pero pudo escapar y volver a su compañía. Don Juan José de Austria, el hermano bastardo del pobre Carlos II, lo hizo sargento mayor de su tercio, y en ese empleo estuvo ocho años, a un solo paso de mandarlo. Ocho años después lo nombraron castellano, es decir, gobernador o jefe de la guarnición de la importante ciudad de Yprés, tan disputada en aquella guerra como en tantas otras más recientes, y de allí pasó a teniente del castellano de Amberes. Estando en este empleo ascendió por fin a maestre de campo, cargo que apenas gozó porque murió en Bruselas a los 63 años.

Pedro Calderón de la Barca (1600-1685)

Como hijo de un hidalgo de la Montaña, alto funcionario de la corte, nada menos que secretario de Hacienda de Felipe III, Pedro tuvo una educación exquisita: estudió nueve años con los jesuitas, uno en la Universidad de Alcalá y dos más en la de Salamanca.

Alumno precoz, a los 13 años escribió su primera comedia. Pero a los 21 mató en duelo a Nicolás Velasco y tuvo que refugiarse en la embajada austriaca, de donde escapó a Italia, y de allí, a Flandes. Sentó plaza de soldado y hasta 1628 sirvió de soldado aventajado en Flandes y Lombardía. Pudo regresar a España, donde empezaba a difundirse su fama de buen poeta, y de nuevo un asunto de capa y espada le torció el camino. Un comediante hirió gravemente a su hermano y don Pedro persiguió al agresor, que buscó asilo en un convento de trinitarias. Calderón irrumpió en la clausura, con el natural espanto de las monjas y el escándalo de las autoridades, que se le echaron encima.

El dramaturgo Pedro Calderón de la Barca combatió en Flandes y Lombardía con los tercios. Fue el último de los grandes soldados poetas del siglo XVII.

Llegó a ser el autor más famoso de España; sus ciento diez comedias y dramas lo atestiguan, pero en 1637 soplaban malos tiempos, y don Pedro, que ya era caballero de Santiago, sintió que su deber lo llamaba de nuevo a las armas y sentó plaza de coraza, es decir, de soldado de una compañía de caballería acorazada, con la que participó en los combates de Fuenterrabía, Valencia y Cataluña. En 1640 de nuevo se vio envuelto en un asunto de cuchilladas, pero regresó a la guerra de Cataluña, hasta 1642, año en que solicitó y obtuvo la licencia para convertirse en secretario del duque de Alba; el cargo le permitiría dedicarse a sus obras teatrales, muchas de las cuales reflejan su experiencia de soldado.

En *Para vencer amor, querer vencerle*, Calderón hace el encendido elogio del modo de entender la vida que tenían los soldados de los tercios, modo que ha perdurado a través de los siglos. En esta obra de Calderón, el protagonista llega al campamento español de Carlos V y explica al criado, que hace de antihéroe, qué es un ejército, con versos que desde entonces aprenden los cadetes españoles en su primer día de academia:

Oye y sabrás dónde estás:
ese ejército que ves, vago al hielo y al calor,
la república mejor y más política es del mundo
en que nadie espere que ser preferido pueda
por la nobleza que hereda sino por la que él adquiere;
porque aquí, a la sangre excede el lugar que uno se hace,
y sin mirar cómo nace, se mira cómo procede.
Aquí la necesidad no es infamia, y si es honrado,
pobre y desnudo el soldado tiene mayor calidad
que el más galán y lucido; porque aquí, a lo que sospecho,
no adorna el vestido el pecho, que el pecho adorna el vestido:
y así, de modestia llenos, a los más viejos verás,
tratando de ser lo más y de parecer lo menos.
Aquí la más principal
hazaña es obedecer, y el modo como ha de ser
es ni pedir ni rehusar. Aquí en fin la cortesía,
el buen trato, la verdad, la fineza, la lealtad,
el honor, la bizarría, el crédito, la opinión,
la constancia, la paciencia, fama, honor y vida son
caudal de pobres soldados, que en buena o mala fortuna
la milicia no es más que una religión de hombres honrados.

En 1645 murió combatiendo en el puente de Camarasa un hermano de Calderón, que tras treinta años de servicios había llegado a maestre de campo general. A Pedro le afectó mucho el hecho, a tal punto que lo movió a ordenarse sacerdote. Desde entonces, la vida de Pedro Calderón de la Barca fue ejemplar. A partir de ese momento ya no compuso más comedias, solamente autos sacramentales, y porque se lo ordenaba el rey Felipe IV, que en 1663 se lo había traído de Toledo, donde Calderón estaba de capellán, a la corte, para que fuera su capellán de honor. El soberano deseaba que siguiera escribiendo autos, el género teatral donde se personifican ideas, conceptos y sentimientos para dar lugar a profundos diálogos, de los que, se ha dicho, es difícil saber qué era más admirable, si el autor que escribía versos de tamaña hondura y contenido, o el público que los entendía, valoraba y aplaudía.

Y así acabó sus días Calderón, con una vida laboriosa, modesta y ejemplar hasta el fin: la muerte lo sorprendió escribiendo un auto sacramental. No dejó bienes terrenales, pero le acompañó hasta el sepulcro el dolor del pueblo de Madrid. Fue el último de los grandes soldados poetas del Siglo de Oro.

13

Preguntas sobre los tercios

Fernando Álvarez de Toledo, duque de Alba, un personaje malvado para muchos flamencos, un soldado y súbdito ejemplar para Carlos V y Felipe II.

¿Qué era una conducta?

La conducta era el documento por el cual el rey encargaba a un oficial (siempre un capitán) la recluta de nuevos soldados para los tercios.

Con este documento oficial, firmado por el propio monarca y refrendado por su secretario, el capitán quedaba acreditado ante las autoridades locales para alistar su propia compañía o bandera. Junto con la conducta, el oficial recibía una instrucción (indicando el número de los reclutas y el distrito de reclutamiento) y una orden que incluía el destino de la tropa y el plazo para llevar a cabo el alistamiento.

¿Cuánto duraba el servicio en los tercios?

El enganche era siempre voluntario salvo en casos excepcionales o para ciertos condenados por la justicia, y no estaba limitado en el tiempo.

Solo se podía dejar el ejército por autorización del rey o de sus representantes militares, y esto valía igual para los soldados que para los maestres de campo. El famoso jefe de los tercios Julián Romero, que reclamó su licenciamiento de 1567, murió en servicio diez años después sin haberlo conseguido.

Quedaban excluidos del alistamiento los ancianos, mutilados o menores de 20 años, y se daba preferencia a quienes ya dispusieran de armamento propio.

¿Qué era la «reformación»?

En el lenguaje de los tercios se entendía como «reformación» la reestructuración de las unidades, fueran compañías o la totalidad del tercio. La reformación normal tenía lugar cuando las muchas bajas por acciones de guerra obligaban a disolver determinadas unidades para engrosar otras.

A los capitanes de las compañías disueltas se los llamaba «reformados». Lo mismo podía realizarse con un tercio completo, por razón de excesivas bajas en combate o por grave transgresión de la disciplina, como castigo. Así ocurrió con la disolución del Tercio Viejo de Nápoles, en 1589, tras un motín; o con el Tercio de Cerdeña, por el deshonor de una derrota en Heyligerlee, en mayo de 1568, considerada afrentosa para el conjunto del ejército. Este hecho se saldó con más de cuatrocientos muertos españoles, incluido el maestre de campo. De forma indisciplinada, y sin hacer caso de ninguna instrucción, los soldados del Tercio de Cerdeña se lanzaron en desorden contra el enemigo y, atascados en el barro, fueron batidos fácilmente.

¿Qué era la «encamisada»?

Se trataba de una táctica de combate nocturno, muy utilizada por los tercios cuando el enemigo estaba muy próximo, y en la que los españoles eran maestros. Consistía en un golpe de mano a cargo de un grupo poco numeroso y selecto de soldados que se cubrían con una pieza de tela blanca, para reconocerse en la oscuridad y evitar el brillo de la coraza. Para el éxito de la encamisada debían observarse estrictamente unas cuantas reglas que cita el cronista Bernardino de Mendoza: actuar en grupos, incendiar tiendas y barracas solo en el momento de la retirada para no crear luz y atacar en un punto alejado de la plaza de armas donde acude el enemigo en caso de alarma.

Brantôme refiere que, en una encamisada contra el bando protestante en Flandes, un soldado que marchaba con sus compañeros preguntó cuántos eran los enemigos, y un compañero le respondió: «Vete al diablo con tu cuestión y cuenta y di más bien: vayamos a por ellos, sean los que sean».

¿Cómo se producían los ascensos?

Hasta finales del siglo XVI los ascensos en el tercio estaban basados en los certificados que se expedían por servicios probados, y era muy poco frecuente ingresar en filas con un grado. Ni siquiera los que llegaban procedentes de la nobleza tenían asegurado el mando de entrada, aunque en la siguiente centuria fue aumentando el número de oficiales ascendidos por recomendación.

Generalmente, los ascensos se daban por antigüedad, de acuerdo con una escala de cinco años para pasar de soldado a cabo, un año de cabo a sargento, dos de sargento a alférez y tres de alférez a capitán. El nombramiento de maestre de campo dependía siempre del rey. Por desgracia, y como en todas partes, funcionaban las influencias y los manejos en las altas esferas a la hora designar a los capitanes y oficiales superiores, sobre todo si el cargo iba acompañado de rentas importantes.

¿Quién administraba la justicia en el tercio?

La justicia ordinaria en el tercio la ostentaba el maestre de campo, que actuaba como verdadero juez. Ni el capitán ni ningún oficial tenía derecho de vida o muerte, salvo en caso de traición flagrante. En cuanto a la justicia militar, tanto si eran diferencias entre soldados o entre soldados y civiles, se encargaban de administrarla los auditores del ejército, aunque consultaban al maestre de campo para la aplicación de las sentencias. La amenaza o desobediencia grave a los oficiales era severamente castigada.

Bernardino de Mendoza cita un caso, ocurrido en julio de 1568, cuando el Tercio de Nápoles iba de Bruselas a Malinas y un sargento pidió a un soldado que se apartase del escuadrón y lo siguiese. El soldado contestó que no quería, «metiendo la mano a la espada» para acuchillar al superior. Detenido por el barrachel, el asunto fue llevado al duque de Alba, que condenó al infractor a muerte. A pesar de las muchas peticiones de clemencia, Alba se negó a perdonar al soldado y ordenó la ejecución. El cadáver quedó expuesto en la plaza mayor de Malinas con un cartel que decía: «Por desobediente a los oficiales».

¿Cómo funcionaba el servicio sanitario?

Cada tercio, normalmente, estaba atendido por un médico y un cirujano, además de un barbero-enfermero por compañía, encargado de las primeras curas, lo que daba una proporción muy aceptable para el servicio sanitario de la época. Había varios hospitales de campaña, tanto en el teatro de operaciones como en los itinerarios por los que debía marchar la tropa, y un hospital general, que en Flandes estuvo instalado en Malinas, y era costeado por una contribución que se descontaba del sueldo de cada soldado u oficial, proporcionalmente al salario. A los soldados rasos se les descontaba un real (el llamado «real de limosna») y diez a los capitanes.

La mayoría de los soldados del tercio estaban cubiertos de cicatrices, y muchos quedaban mancos, cojos o lisiados. Se dieron casos documentados de eutanasia fraternal entre camaradas por aliviar el sufrimiento de los heridos incurables.

El médico francés Ambroise Paré relata que una vez entró en un establo donde halló a tres soldados españoles apoyados contra la pared,

> con sus caras enteramente desfiguradas, y no veían ni oían ni hablaban, y sus vestidos llameaban aun de la pólvora de cañón que les había quemado.
>
> Estaba mirándolos con compasión cuando vino un viejo soldado que me preguntó si había medios de poderlos curar, dije que no, entonces él se aproximó a ellos repentinamente y les cortó el cuello suavemente y sin cólera. Viendo esta gran crueldad le dije que era un hombre malo. Me contestó que rogaba a Dios que cuando él estuviera de la misma manera se encontrase alguien que hiciera lo mismo con él, para no languidecer miserablemente.

¿Qué era el bagaje?

El bagaje del tercio era el conjunto del equipaje individual de cada soldado, todo lo que le pertenecía personalmente. Solía cargarse en mulas y carros, y era constantemente vigilado y protegido, tanto en la marcha como en el combate, ya que su conservación, además del interés material lógico, era una cuestión de reputación para la tropa. Al bagaje seguían criados, vivanderos, mochileros, niños, mozos y, sobre todo, mujeres.

El cadete Roland de Guyon dice sobre el bagaje de los tercios del duque de Alba a su llegada a Flandes: «Siguiendo a la artillería se prolongaba hasta perderse de vista, aparte de los furgones de equipaje, una fila de vehículos, carros, literas y mulas, transportando mujeres en cantidad de varios millares».

¿Qué eran las «mercedes»?

Consistían en favores o recompensas extraordinarias que el rey concedía a los soldados u oficiales que se habían distinguido en algún servicio, para socorrerles en sus necesidades apremiantes. Fuera de los sueldos, el único medio de aumentar el salario era obtener del rey una renta por los servicios prestados, lo que pocos conseguían. Para los soldados, las mercedes podían ser el perdón del pago de los equipos, las armas y la pólvora, que corrían a cargo de cada uno; o también gratificaciones («ayudas de costa») para el tratamiento de heridas, traslados o gastos médicos.

Un ejemplo que cita Quatrefages es el del capitán Osorio de Angulo, con treinta años de servicio, que había sido herido en San Quintín y tenía mando de una compañía de arcabuceros del Tercio de Sicilia en Flandes. Cuando fue herido de nuevo en la cabeza por dos balas de arcabuz, el gobernador y capitán general de los Países Bajos, Luis de Requesens, lo reformó y licenció para volver a España.

El capitán envió al rey un memorial pidiendo una ayuda «en su casa con que pueda sustentarse conforme a su calidad, o que se le de su sueldo... sirviendo cerca del Virrey de Navarra o en Guipúzcoa». La solicitud fue vista por un consejo de guerra, que propuso al monarca (y este accedió) conceder doscientos ducados de «ayuda de costa» y un puesto de capitán en los Guardias de Castilla.

¿Tenían los tercios españoles espíritu de «nación»?

Sin duda alguna. La palabra *nación*, referida a España, se emplea constantemente por una serie de cronistas de los tercios, como Francisco de Valdés, Bernardino de Mendoza, Antonio Carnero, Francisco Verdugo o Marcos de Isaba, e incluso en la correspondencia de simples soldados.

El infante del tercio —dice Quatrefages—, que vive y muere fuera de la Península, ignora «las Españas», y emplea el término *nación* como expresión de una España única. «Siendo como somos en nación como Vuesas mercedes Españoles», escribe un soldado a los amotinados en Alost, en 1576. Y los amotinados de Diest repetían en sus cartas los términos *patria*, *España*, *nación* y *españoles*. El sentimiento de fidelidad nacional, encarnado en la figura del rey, resultaba tan obvio que a los infantes españoles ni siquiera se les exigía el juramento de lealtad al soberano cuando ingresaban en el tercio. Se daba por supuesto.

¿Tuvieron los tercios su *kermesse* heroica?

Los tercios solían ser rumbosos, quizás por la inminencia del peligro de muerte en que vivían, y tanto soldados como oficiales gastaban mucho en vestuario y galas cuando disponían de dinero. En los Países Bajos se celebraron algunas fiestas y saraos memorables.

El Tercio de Manrique, llamado «el de los Galanes», para hacer honor a su apodo empeñó los sueldos que se le debían a cambio de «galas y vestidos extraordinarios que habían menester... para hacer sus fiestas».

Los de ese tercio celebraron en Malinas una especie de fiesta de «moros y cristianos», con comparsas, jinetes equipados a la morisca, infantería francesa, española y alemana, caballeros alemanes y lanceros españoles que simularon luchar entre ellos. Hubo rejoneo de toros, al uso español, aunque los toros flamencos mostraran un talante más sosegado de lo requerido.

¿Estaba permitido el juego en los tercios?

Curiosamente, el juego solo estaba permitido en los cuerpos de guardia, y eso por razones prácticas. El juego estaba tan arraigado entre los soldados que parecía impensable prohibirlo por completo, pero el vicio era causa de «cuchilladas, hambres, miserias, hurtos, atrevimientos, desacatos y poca obediencia», como dice un cronista.

La solución era hacer que se practicara en un lugar que infundiera respeto y en el que los oficiales pudieran controlarlo para evitar pendencias.

El sitio adecuado era el cuerpo de guardia, donde cualquier infracción era muy castigada, y eso hacía que los soldados se comportaran con mesura. Estaba prohibido a los soldados jugar con civiles, hacerlo a crédito y apostar las armas o el caballo.

¿Había soldados casados en los tercios?

Pese a que los tratadistas advertían que «quien se casa habiendo de andar tras una bandera vivirá lacerado», y al obstáculo de los reglamentos, los matrimonios y las uniones duraderas de pareja eran frecuentes. En 1632 se impuso el límite de casamientos hasta no superar una sexta parte de la tropa. Los hijos y las mujeres seguían al soldado en la guerra y las marchas, lo que en muchas ocasiones provocaba situaciones dramáticas por el escaso sueldo, los retrasos en la paga y las penurias de la vida de campaña.

El cronista Guido Bentivoglio apunta que los motines se producían sobre todo en las campañas largas, cuando los soldados «se acompañaban con las mujeres y se llenan de hijos». En 1599, tras quedar sofocado un motín, se desterró de Flandes a todos cuantos habían participado en él, lo que produjo escenas desgarradoras porque muchas familias quedaron rotas, y hubo soldados que «vencidos por las lágrimas de sus mujeres e hijos» intentaron quedarse en una tierra que para ellos ya era como su propia patria.

¿Cómo era la vida de las mujeres que seguían a los tercios?

Es fácil imaginar que se trataba de una vida durísima, ya que estaban obligadas a deambular de un lado para otro con la tropa sin hogar fijo.

El cronista y soldado Alonso de Vázquez cuenta el caso de la española Beatriz de Mendoza, que llegó a Flandes procedente de Italia cabalgando en una jaca con rica silla de montar, y se unió a los tercios en tiempos de don Juan de Austria, animándolos en los sitios y batallas y repartiendo vino, cerveza y alimento a los soldados.

Esta pobre mujer estaba ya muy enferma en la campaña de Francia de 1590, y era tan pobre que comía de limosna y marchaba a pie, sin que se compadeciese de ella ninguno de sus antiguos galanes que iban a caballo. Beatriz murió en una caballeriza sobre un haz de paja, en la más absoluta miseria, después de haber sido amante de «muchos príncipes y señores, maestres de campo y capitanes».

¿Existían rivalidades nacionales en los tercios?

Por su composición heterogénea, no escaseaban los «piques» y antagonismos en las diferentes naciones que integraban los ejércitos de la Monarquía Hispana, y los jefes trataban de explotar estas diferencias, buscando la emulación entre las unidades a la hora del combate. Los españoles siempre fueron considerados la mejor fuerza (una opinión que compartían sus enemigos) y solían tener primacía en la designación de mandos, lo cual no impedía que muchos de los grandes jefes de los tercios, como Alejandro Farnesio o Ambrosio de Spínola, fueran extranjeros.

«Es costumbre inmemorial de la guerra de Flandes, entre los capitanes de naciones —dice un cronista—, gobernar siempre el capitán español, y entre los maestres de campo, no consentir ser gobernados sino de su nación». Conscientes de su propia valía y muy puntillosos en cuestiones de honor, era empeño permanente de los españoles actuar siempre en la vanguardia, y consideraban deshonroso «habiendo españoles dar la vanguardia a otra nación».

El rey Felipe III, en una carta a Spínola, le declaró que se había «espantado mucho» al tener noticia de que un tercio de italianos se había adelantado en un ataque a uno de españoles, y el general le respondió: «donde me he hallado ha tenido siempre la nación española la vanguardia, como es justo, sin que nadie haya replicado palabra».

El maestre de campo del tercio italiano responsable del «adelantamiento» fue arrestado, y para ser absuelto tuvo que demostrar que su acción estaba justificada, porque los españoles no habían cumplido el horario previsto y la situación exigía tomar una decisión rápida.

De la antipatía que en ocasiones imperaba entre las naciones de los tercios dan idea los insultos. Los españoles llamaban a los franceses «borrachos» y «meavinos»; los franceses a los españoles, «rateros» y «ladrones»; los alemanes calificaban a los suizos de «cavamali», 'ordeñadores de vacas', y los suizos a los alemanes, de «puercos» y «bribones».

En cuanto a los italianos, solían ser llamados «bujarrones», según cuenta el cronista Paolo Giovio, historiador de las campañas del Gran Capitán.

¿Tenían los mandos derecho de vida y muerte sobre sus subordinados?

No. Además, los castigos solo podían aplicarse en asuntos relativos al «servicio de las banderas». Fuera de esto, y sobre todo si se trataba de asuntos de «honra», soldados y oficiales eran iguales, y a los mandos se les exigía moderación en el castigo a los soldados, «de manera que no los maten, ni manquen de sus miembros necesarios para el servicio de Su Majestad».

¿Cómo se castigaba la deserción?

La deserción estaba castigada con la muerte, pero la mayoría de los soldados españoles que abandonaban su bandera lo hacían para regresar a sus hogares, y muy raras veces para pasarse a otro ejército. A veces, el abandono de las banderas propias se debía a la inminencia del castigo por pendencias o delitos pendientes. Cuando el desertor se pasaba al enemigo y caía en manos de sus antiguos compañeros de armas, era inmediatamente ejecutado.

Se cuenta de un alférez desertor, llamado Llera, que se pasó al bando holandés y fue capturado, junto a toda su unidad, por un destacamento en el que figuraban, además de españoles, soldados de otras nacionalidades. Los españoles renunciaron a cualquier recompensa a cambio de la entrega del desertor, al que atravesaron con sus picas.

¿Cómo se castigaba la cobardía?

Casi siempre, con la muerte. Albi cuenta el caso de un capitán que esperaba sentencia en la cárcel por haber abandonado en combate a su maestre de campo, y que murió envenenado por su propio hermano para evitarle la infamante ejecución. Algunas veces se consideraba cobardía el hecho de no «vencer o morir» en un asalto, como ocurrió en 1585 en un golpe de mano contra las defensas de Ostende en el que murieron dos oficiales valones.

Dos capitanes españoles —que habían rechazado ir en vanguardia al entender que la operación estaba mal planteada y habría demasiadas bajas— estuvieron a punto de ser ejecutados, y pasaron largo tiempo en prisión, porque se consideró que debieron hacer pie en la fortificación atacada hasta morir todos.

¿Se mezclaban tropas de diferentes naciones en un mismo tercio?

Una de las mayores virtudes de los tercios era su flexibilidad a la hora de combatir. En realidad, un tercio era un conglomerado de compañías con un elevado grado de autonomía y armamento dispar. La regla general era conjugar elementos distintos según la naturaleza de la misión encomendada o el objetivo a conseguir. Banderas de varios tercios o regimientos, incluyendo arcabuceros, piqueros, mosqueteros o coseletes de distintas nacionalidades podían combinarse cuando la ocasión lo exigía. Ni la nacionalidad de las tropas ni el hecho de pertenecer a unidades diferentes se consideraban un obstáculo.

En la victoriosa batalla de Alcántara (1580), por ejemplo, se reunieron dos mil cien arcabuceros españoles de seis tercios, en mangas de trescientos, que actuaron desgajados de sus unidades de origen. En cuanto a las picas, se hicieron tres escuadrones: uno con el Tercio Viejo de Nápoles y banderas de los de Sicilia y Lombardía; otro, con el Tercio de Enríquez, y el tercero, con los de Zapata y Niño.

Otro ejemplo se da en el sitio de Amiens, cuando los sitiados atacan con dos destacamentos: el primero, de cuatrocientos cincuenta hombres, con infantes españoles, picas irlandesas y mosqueteros valones; el segundo, de doscientos cincuenta hombres, compuesto por españoles y gentes de las «naciones», nombre dado a los soldados de nacionalidad no española.

¿Qué naciones integraban los tercios?

Además de los españoles, principalmente tres: valones, alemanes e italianos. Durante la guerra de Flandes, en los tercios llegó a haber ciento cuatro compañías de tropas valonas, aunque buena parte de sus efectivos incluían también a soldados españoles, en su mayoría catalanes; y, además, treinta y ocho de esas banderas estaban bajo el mando de maestres de campo españoles, como Gaspar Robles, Mondragón, Alonso Gómez Gallo y Francisco Verdugo.

La infantería valona se organizaba en regimientos, mandados por coroneles, con tenientes coroneles como segundos en el mando. Por ser tropas del país, los valones constituían en Flandes la mayoría de las fuerzas de guarnición. En general, mostraron bastante lealtad a España, aunque tenían más tendencia a desertar por estar más cerca de sus familias. Pero cuando Felipe V formó la nueva guardia real a principios del siglo XVIII incluyó en ella a tantos valones como españoles, lo que indica su fiabilidad como soldados. El cronista Zubiaurre afirma de los valones que «son buenos soldados y los más baratos», y por eso propuso a Felipe II que se aumentara su número en el ejército y se redujera el de otras naciones.

Otro contingente muy numeroso era el de los alemanes, cuyos piqueros y cuya paciencia eran excelentes; se mostraban muy aptos para la ingrata tarea de fortificación, aunque se les reprochaba su carácter abiertamente mercenario y su mala disposición para los asaltos. Luchaban siempre al mando de sus propios jefes, con sus normas y ordenanzas propias, distribuidos en regimientos.

El duque de Alba los tuvo en gran estima y, poco antes de la guerra en Portugal, escribió al monarca pidiéndole que contratase más alemanes en lugar de italianos: «Italianos, por amor de Dios, S. M., no traiga más, que será dinero perdido; alemanes... aunque se vendiese la capa es necesario traerlos».

La infantería italiana, también muy numerosa, estaba organizada en tercios, igual que la española. Si hasta mediados del siglo XVI, como revela el embajador veneciano Marcantonio de Mula, el rey empleaba muy pocos infantes italianos porque no le inspiraban confianza, la situación cambió con la guerra de Flandes, donde pasaron a ser considerados «ingeniosos y valientes», y fueron tratados con especial deferencia por su compatriota Alejandro Farnesio, lo cual creó mucho recelo en la tropa española, que se quejaba de favoritismo y agravios comparativos. Además, los soldados italianos eran también, en su mayor parte, súbditos del rey de España, ya que tanto Nápoles, como Lombardía y Sicilia (de donde procedían las levas) formaban parte de la corona hispana; eso los hacía más de fiar que otros mercenarios extranjeros.

También combatieron en los tercios soldados borgoñones, ingleses, escoceses, irlandeses, suizos, húngaros y jinetes albaneses.

14

El lenguaje de los tercios

La cruz roja de Sán Andrés era el distintivo de la infantería española en los tercios.

El ejército tiene, como cualquier corporación profesional, un léxico propio que evoluciona muy deprisa en función de los distintos enemigos y escenarios de combate y del desarrollo de la táctica y el armamento.Los ejércitos españoles salieron de la Edad Media con el lenguaje que recogen las *Partidas* de Alfonso X el Sabio, compuesto en buena medida de palabras de origen latino (*peón*, *peonía*, *castellano*, *caballería*, *trueno*, *vela*), una buena dosis de voces recibidas a través del árabe (*adalid*, *alférez*, *almogávar*, *atambor*, *azagaya*, *zaga*), y que a veces eran de ida y vuelta, como *alcázar*, que no es otra cosa que el *castrum* arabizado; e incluso alguna reminiscencia germánica, como *vado*, *guerra* o *guardia*. La prolongada estancia de unidades militares españolas en Italia introdujo nuevos términos, junto a las novedades técnicas del tipo de guerra que allí se hacía: *alarma*, *alerta*, *cañón*, *centinela*, *descubierta*, *escopeta*, *fusil*, *infantería*, *manga*, *sota*. Finalmente, el lenguaje militar de los tercios incorporó vocablos de origen francés a causa de su prolongada estancia en Flandes, donde descargaba la noria que llevaba allí los soldados españoles desde Italia: *interpresa*, *metresa*, *moyana*, *sargento*, *vanguardia*, *retaguardia*.

El glosario que sigue recoge algunos términos del léxico militar de los tercios.

Alabarda: arma blanca larga compuesta de cuchilla, hacha y gancho.
Alférez: oficial segundo jefe de la compañía, sustituto del capitán.
Alzar bandera: abrir banderín de enganche de una compañía.
Ánima: interior del cañón de un arma.
Arcabucero, arcabuz: soldado con arcabuz, arma de fuego larga, pero de poco alcance.

Arrumbadas: banquillos o cubierta de la proa de las galeras.
Asentista: contratista de soldados en el siglo XVII.
Asta: palo de lanza, pica, etcétera.
Astillero: percha para lanzas o picas.
Aventurero, venturero: voluntario que servía al rey a su costa.

Bandera: enseña de cada compañía; también, compañía de infantería.
Baqueta: varilla delgada para atacar y limpiar el ánima.
Barrachel: jefe de alguaciles, jefe de la policía militar del tercio.
Batería: fortín sobreelevado que protege piezas de artillería.
Bayoneta: arma blanca que se sujeta al extremo del cañón del fusil.
Boleta: cédula que señalaba la casa en que había de alojarse cada uno.
Bolsa: saquete pequeño de cuero para el dinero.
Botín: todo lo que se obtenía después de la derrota enemiga.
Bujarrón: sodomita.

Cabo: jefe más inmediato al soldado.
Caja: tambor.
Calepino: trapito para envolver la bala.
Camarada, camareta, hacer la: compartir unos soldados habitación y medios de vida.
Canuto, cañuto: tubo de hoja de lata para guardar los papeles de servicios.
Capellán: sacerdote encargado de una compañía.
Capitanía: compañía.
Capitulación: rendición negociada, escrita en varios capítulos (apartados numerados).
Castillo de popa o de proa: parte más alta de la cubierta, a popa o proa.
Cazoleta: pieza que cubre la empuñadura de la espada.
Celada: pieza de armadura que cubre la cabeza.
Charnaque: porción de tablado para aislar el suelo.
Chusma: el conjunto de remeros forzados (galeotes) de una galera del rey.
Circunvalar, circunvalación: trinchera que protege la retaguardia del ejército sitiador.
Codal: pieza de armadura que protege el codo.
Con obligaciones: decíase del noble que, por serlo, estaba obligado a más.
Conduta, conducta: comisión para reclutar y conducir gente de guerra.
Contera: pieza de metal en el extremo de la vaina.

Contravalar, contravalación: la trinchera que se hace más inmediata a la muralla.
Coronelía: nombre que se daba en Italia a la unidad de infantería equivalente al tercio.
Coselete: coraza ligera protectora del pecho; también, nombre del piquero que la usaba.
Cuartel: barrio; también, cuarta parte.
Cubo: pieza de unión entre la moharra y el asta.

Daga: puñal de unos treinta centímetros de largo.
Despojos: lo que el soldado tomaba en el campo de batalla de sus enemigos muertos.
Dobla: moneda de oro de los Reyes Católicos, pesaba 4,6 gramos de oro.
Doce apóstoles: bandolera con tubos o frasquitos con doce porciones de pólvora.

Electo: se aplicaba al soldado elegido por los amotinados para que ejerciera la autoridad absoluta.
Emboscada: ocultación en parte retirada para atacar a otros.
Encamisada: golpe de mano nocturno.
Entretenido: oficial de cuartel general sin mando.
Escaramuza: combate breve y no decisivo.
Escarcela: bolsa que pende de la cintura.
Escuadra: grupo de soldados a las órdenes de un cabo.
Escuadrón: tropa formada en filas con fines tácticos.
Escuadronar: formar la fuerza en escuadrón o escuadrones.
Escudado: soldado de infantería española armado solo de espada y rodela.
Escudo: moneda de oro de 3,383 gramos.
Estacada: obstáculo compuesto por estacas enhiestas y aguzadas.
Estoque: espada estrecha y larga que solo hiere de punta.

Falda: pieza de armadura que protege por debajo de la cintura.
Fila: hombres unos al costado de otros.
Flanco: costado.
Fondo: espacio que ocupan las hileras.
Formación: reunión ordenada de cuerpos de guerra.
Formar: poner en orden.

Frente: espacio que ocupa la fila.
Furriel: cabo que tiene a cargo el suministro y el nombramiento del servicio.
Furriel mayor: encargado de abastecer al tercio.
Fusil de chispa: arma de fuego larga con llave de chispa.

Gola: pieza de armadura que protege la garganta.
Grandes Tercios Viejos: los de Nápoles, Sicilia y Milán (o Lombardía).
Gregüescos: calzón corto y abombado.
Guardabrazos: pieza de armadura que protege brazo y antebrazo.

Haberes: conjunto de ingresos del soldado, en metálico o en especie.
Hilera: hombres dispuestos unos detrás de otros.
Hoja: cuchilla de un arma blanca.
Honor: cualidad moral que lleva a cumplir el deber.
Honra: estima y respeto de la propia dignidad; también, fama.
Horquilla: vástago recto terminado en un gancho en U para soportar el arma.

Impedimenta: bagaje que suele llevar la tropa, que resta celeridad a las operaciones.
Incordio: tumor blando de origen venéreo.
Interpresa: operación imprevista, golpe de mano.

Jineta: lanza corta con el hierro dorado y una borla, insignia del capitán de infantería.

Letrina: lugar destinado a recoger los excrementos.
Llave: mecanismo de disparo de arcabuces, mosquetes, pistolas y fusiles.
Lugarteniente: hombre que tiene el poder para hacer las veces del que manda.

Maestre de campo: jefe del tercio; también, coronel.
Maestre de campo general: general.
Manga: anchura de un buque; también, grupo de arcabuceros o mosqueteros.
Mecha: cuerda retorcida hecha de filamentos combustibles, cáñamo o algodón.
Misericordia: sarcasmo por *daga*.

Moharra: punta de un arma enastada, lanza, pica, partesana, alabarda, jineta, etcétera.
Monte, monte mayor, montón: botín común para repartir.
Morrión: casco en forma de media almendra, generalmente con plumaje o adorno.
Mosquete: arma de fuego mucho más larga y de mayor calibre que el fusil.
Moyana: cañón situado en la proa de las galeras.
Muestra: revista de comisario de una tropa, comprobación de que estaban todos.
Mujer particular: la que no era pública.

Oído: agujero del tubo por el que se da fuego a la pólvora de su interior.
Oidor: auditor.
Orden, al; ordenados: marchar una unidad al compás del tambor.

Padre, páter: capellán militar.
Paje de jineta: muchacho que llevaba la jineta del capitán cuando no había combate.
Paje de rodela: el que llevaba la rodela de un soldado.
Papeles de servicios: certificados de los hechos, ascensos y ventajas de un soldado.
Parapeto: terraplén corto para defenderse del enemigo.
Partesana: lanza corta con tope.
Patente: nombramiento (de capitán o maestre).
Patrón: propietario de la casa en que se aloja un soldado.
Peonía baldada: plaza muerta, soldado que cobra y figura en lista, pero que no existe.
Peto: armadura que protege el pecho.
Pica seca: piquero que no estaba protegido con un coselete.
Piedra de chispa: sílex que al golpear el hierro sacaba chispa.
Pífano, pito: flauta travesera.
Piquero: soldado con pica.
Plático: práctico, experto.
Plaza muerta: soldado que cobra y figura en lista, pero que no existe.
Popa: parte posterior de una embarcación.
Posibles: posibilidades, recursos.

Preboste: jefe de policía militar.
Proa: parte anterior de una embarcación.
Quitapenas: sarcasmo por *daga*.

Rancho: espacio en la galera donde viajaban los soldados.
Reformar, reformado: disolver una unidad; oficial sin mando de unidad.
Regatón: pieza, generalmente de hierro, que cubre el extremo inferior del asta.
Regimiento: unidad de infantería alemana, italiana o valona, equivalente al tercio.
Rehinchir: rehenchir, volver a henchir una unidad que había menguado.
Reputación: prestigio o estima.
Retaguardia: parte más alejada del enemigo.
Rey Católico: sucesor en el trono de Isabel I de Castilla y Fernando II de Aragón.
Rodela: escudo circular pequeño.

Saco, a saco: saqueo, apoderarse violentamente de lo que se halla en una ciudad.
Salitre: nitrato potásico, uno de los componentes de la pólvora.
Santelmo: plaza muerta, soldado que cobra y figura en lista, pero que no existe.
Saqueo: apoderarse violentamente de lo que se halla en una ciudad.
Sargento: en las compañías de los tercios, el mando encargado de la disciplina.
Sargento mayor: cargo equivalente al de jefe de plana mayor del tercio.
Serpentín: pieza de hierro donde se alojaba la mecha para dar fuego al arcabuz.
Sirviente: soldado adscrito al manejo de un arma.
Sobrecodal: pieza de armadura que protegía el codo.
Soldada: paga en oro del soldado.
Sota, sotalférez: el paje que llevaba la bandera al alférez cuando no había combate.
Suministro: provisión de víveres para las tropas.
Sustento: anticipo de los atrasos de la soldada.

Tahalí: soporte en bandolera para colgar la espada.

Talabarte: soporte de la espada que cuelga del cinturón.
Teniente: en general, en aquella época significaba segundo de un mando.
Tercio: gran unidad de infantería compuesta de numerosas compañías.
Toque: ciertos sonidos de caja y pífano que servían para transmitir órdenes y alarmas.
Trinchera: zanja defensiva que permite disparar a cubierto.

Uscoques: croatas.

Vaina: funda de la espada.
Vanguardia: parte de una formación más cercana al enemigo.
Ventajas: complementos de sueldo debidos a méritos y nombramientos.
Venturero: aventurero que servía al rey a su costa.
Vivandero: persona que vende víveres a los soldados.

Yelmo: pieza de armadura que cubre la cabeza, compuesta de morrión, babera y visera.

Zaga: retaguardia, parte de una formación más alejada del enemigo.

Bibliografía

ALBI DE LA CUESTA, Julio: *De Pavía a Rocroi.* Balkan Editores, Madrid, 1999.

ALCALÁ ZAMORA, J.: *España, Flandes y el Mar del Norte.* Barcelona, 1975.

ALLEN, Paul C.: *Felipe III y la Pax Hispánica.* Alianza Editorial, Editorial Sopena, Barcelona, 1970.

ALMIRANTE, José: *Bosquejo de la Historia Militar de España.* Tomos I y II. Sucesores de Rivadeneyra, 1923.

BOURDEILLE, Pierre: *Gentilezas y bravuconadas de los españoles.* Ediciones Mosand, Madrid, 1995.

CAÑETE, Hugo A.: *Los tercios en combate.* Ediciones Salamina, Málaga, 2020.

CARBONERAS, Juan Víctor: *España mi natura. Vida, honor y gloria de los tercios.* Edaf, Madrid, 2020.

CONTRERAS, Alonso de: *La vida del capitán Contreras.* Editorial Sopena, Barcelona, 1970.

ELLIOT, J. H.: *El conde duque de Olivares.* Editorial Crítica, Barcelona, 1991.

FERNÁNDEZ DURO, C.: *La Armada Española.* Madrid, 1972.

GÁRATE, J. M.: *Los tercios de España en la ocasión de Lepanto.* Servicio Histórico Militar, Madrid, 1958.

GARCÍA, Bernardo José: *La Paz Hispánica.* Lovaina, 1966.

GARCIA CÁRCEL, Ricardo (coordinador): *Historia de España. Siglos* XVI *y* XVII. Cátedra, Madrid, 2003.

GIMÉNEZ MARTÍN, Juan Francisco: *Tercios de Flandes.* Ediciones Falcata Ibérica, Madrid, 1999.

Historia orgánica de las armas de infantería y caballería españolas. Madrid, 1851-1859.

LONCHAY, H: *Comentario de la guerra de Frisa en XIII años que fue gobernador y capitán general de aquel estado y exercito por el rey D. Felipe II nuestro señor. Francisco Verdugo.* Bruselas, 1899.

MARTÍNEZ DE CAMPOS, Carlos: *España bélica. El siglo* XVI. Aguilar, Madrid, 1965.

MARTÍNEZ LAÍNEZ, Fernando: *Pisando fuerte.* Edaf, Madrid, 2012.

MARTÍNEZ RUIZ, Enrique: *Los soldados del rey.* Actas, Madrid, 2008

MENDOZA, Bernardino de: *Comentario de lo sucedido en las guerras de los Países Bajos.* Biblioteca de Autores Españoles, Madrid, 1948.

MOGABURO LÓPEZ, Fernando: *Historia de la profesión militar.* Ministerio de Defensa, Madrid, 2020.

O'DONNELL, Hugo: *La fuerza de desembarco de la Gran Armada contra Inglaterra.* Editorial Naval, Madrid, 1990.

PARKER, Geofrey: *El ejército de Flandes y el Camino Español.* Revista de Occidente, Madrid, 1976.

—: *España y la rebelión de Flandes.* Editorial Nerea, Madrid, 1989.

—: *La gran estrategia de Felipe II.* Alianza Editorial, Madrid, 1998.

—: *La guerra de los Treinta Años.* Machado Libros, Madrid, 2003.

PAZZIS PI CORRALES, Magdalena de: *Tercios del mar.* La Esfera de los Libros, Madrid, 2019.

PUDDU, Rafael: *El soldado gentilhombre.* Argos Vergara, Barcelona, 1984.

QUATREFAGES, René: *Los tercios españoles (1567-1577).* Fundación Universitaria Española, Madrid, 1979.

—: *La revolución militar moderna. El crisol español.* Ministerio de Defensa, 1996.

RUBIO, Julián María: *Alejandro Farnesio.* Ediciones Luz, Zaragoza, 1939.

SÁNCHEZ MARTÍNEZ, J. L. «La incógnita de Rocroi». *Dragona*, año I, vol. 3, Madrid, 1993.

STRADLING, R. A.: *La Armada de Flandes.* Cátedra, Madrid, 1992.
VACA DE OSMA, José Antonio: *Don Juan de Austria.* Espasa Calpe, Madrid, 1999.
VV.AA.: *Soldados de los tercios.* Cuadernos de Historia Militar. Desperta Ferro Ediciones, Madrid, 2020.

Indice onomástico

Indice toponímico